U0833652

今注本二十四史

晋書

三

紀〔三〕 志〔一〕

唐 房玄齡等 撰
梁滿倉 主持校注

中国社会科学出版社

晋書　卷一〇

帝紀第十

安帝　恭帝

安帝

安皇帝諱德宗，字德宗，孝武帝長子也。太元十二年八月辛巳，立爲皇太子。[1] 二十一年九月庚申，孝武帝崩。辛酉，太子即皇帝位，大赦。癸亥，以司徒、會稽王道子爲太傅，[2] 攝政。冬十月甲申，葬孝武皇帝于隆平陵。大雪。

[1]立爲皇太子：立，宋本作“亡”。

[2]司徒：官名，西漢哀帝元壽二年（前1）改丞相爲大司徒，東漢光武帝時改名爲司徒，東漢末又改爲丞相。三國魏恢復三公制，改丞相爲司徒，管理民政。兩晋沿制，爲八公之一，在太尉之下、司空之上。與丞相通職，一般不並置，爲名譽宰相。一品。　道子：司馬道子，字道子，本書卷六四有傳。　太傅：官名，晋爲八公之一。位上公，太宰之下、太保之上。一品。

隆安元年春正月己亥朔，帝加元服，[1]改元，增文武位一等。太傅、會稽王道子稽首歸政。以尚書左僕射王珣爲尚書令，[2]領軍將軍王國寶爲尚書左僕射。[3]二月，吕光將禿髮烏孤自稱大都督、大單于，[4]國號南凉。擊光將竇苟于金昌，[5]大破之。甲寅，尊皇太后李氏爲太皇太后。[6]戊午，[7]立皇后王氏。[8]三月，吕光子纂爲乞伏乾歸所敗。[9]光建康太守段業自號凉州牧。[10]慕容寶敗魏師于薊。[11]夏四月甲戌，兖州刺史王恭、豫州刺史庾楷舉兵，[12]以討尚書左僕射王國寶、建威將軍王緒爲名。[13]甲申，殺國寶及緒以悦于恭，[14]恭乃罷兵。戊子，大赦。五月，前司徒長史王廞以吴郡反，[15]王恭討平之。慕容寶將慕容詳僭即皇帝位于中山，[16]寶奔黄龍。[17]秋八月，吕光爲其僕射楊軌、散騎常侍郭麐所攻，[18]光子纂擊走之。[19]九月，慕容寶將慕容麟斬慕容詳于中山，[20]因僭即皇帝位。冬十月，慕容麟爲魏師所敗。[21]

[1]元服：帽子。古稱行冠禮爲加元服。《儀禮·士冠禮》："令月吉日，始加元服。"

[2]尚書左僕射：官名，尚書省次官，輔助尚書令執行政務，參議大政，諫諍得失，監察糾彈百官。有時尚書省不置令，衹設左右僕射，此時左僕射居右僕射之上。三品。　王珣：字元琳，本書卷六五有傳。　尚書令：官名，秦漢時爲尚書署長官。秩位雖低，權力甚重。魏晋時沿置，爲尚書省長官，綜理全國政務，參議大政，爲高級政務長官。三品。

[3]領軍將軍：官名，三國曹丕置，職掌同於中領軍，但任職

者資位重於中領軍，簡稱領軍。爲禁衛軍最高統帥，常由皇帝親信或宗室擔任。兩晋沿置。三品。　王國寶：王坦之第三子，本書卷七五有傳。

［4］吕光：字世明，本書卷一二二有載記。　秃髮烏孤：十六國南凉主，河西鮮卑人，本書卷一二六有載記。　大都督：官名，高級軍事長官。三國初作爲加官於戰時臨時設置，後逐漸成爲常設加官官職，地位極高。此爲秃髮烏孤自命，非朝廷命官。　大單于：本匈奴最高首領名，十六國時期一些少數民族政權亦置。

［5］竇苟：苟，原本、宋本、殿本作“荀”。據中華本校勘記改。　金昌：金昌城，位於今甘肅省武威市東南（一説在今甘肅省永靖縣西北湟水北岸）。

［6］皇太后李氏：名陵容，本書卷三二有傳。

［7］“甲寅”至“戊午”：中華本校勘記：“二月己巳朔，無甲寅、戊午日，此二日宜在三月。”

［8］皇后王氏：名神愛，本書卷三二有傳。

［9］纂：吕纂，字永緒，本書卷一二二有載記。　乞伏乾歸：十六國時西秦主，本書卷一二五有載記。

［10］建康：郡名，治所在今甘肅省高臺縣西南。　段業：十六國時京兆（今陝西省西安市西北）人，歷任後凉參事、尚書、建康太守。後叛後凉自稱凉州牧，改元神璽，又自稱凉王。後被沮渠蒙遜所殺。　凉州：東漢治所在隴縣（今甘肅省張家川回族自治縣），三國魏移治姑臧縣（今甘肅省武威市）。

［11］慕容寶：字道祐，本書卷一二四有載記。　薊：縣名，治所在今北京市西南。

［12］兖州：此爲東晋僑置兖州，又稱南兖州。最初治嶧山，後多次移治。（參見胡阿祥《東晋南朝僑州郡縣與僑流人口研究》，江蘇教育出版社 2008 年版，第 161 頁）　王恭：字孝伯，本書卷八四有傳。　豫州：此爲東晋僑置豫州，治江淮之間。詳見胡阿祥《東晋南朝僑州郡縣與僑流人口研究》（第 183 頁）。　庾楷：庾亮

之孫，本書卷八四有傳。

[13]建威將軍：官名，領兵征戰，曹魏、孫吴、西晋皆置。四品。

[14]以悦于恭：悦，殿本作“説”。

[15]司徒長史：官名，司徒府署僚之長，佐司徒總管府内諸曹，三國魏以後分置左、右。六品。　王廞：本爲司徒左長史，王恭起兵，以其爲吴國内史，令起兵於東配合。後被解軍去職。王廞怒，以兵伐王恭，被王恭部將劉牢之擊滅。　吴郡：治所在吴縣（今江蘇省蘇州市）。

[16]中山：郡名，治所在盧奴縣（今河北省定州市）。

[17]黄龍：即黄龍城，位於今遼寧省朝陽市。

[18]散騎常侍：官名，三國魏文帝黄初年間置，侍從皇帝左右，諫諍得失，顧問應對，與侍中等共平尚書奏事。也用作宰相、諸公等加官，入宫議政。三品。　楊軌：爲後凉吕光尚書僕射，後叛後凉，被郭麐推爲盟主，自稱大將軍、凉州牧、西平公。被吕纂擊敗，投奔南凉。　郭麐：本書卷九五有傳。

[19]光子纂：纂，宋本作“篡”。下文“吕纂”同。

[20]慕容麟：後燕撫軍將軍、衛大將軍。後任南燕慕容德司空。後陰謀叛亂，被賜死。

[21]所敗：敗，殿本作“殺”。

二年春三月，龍舟二灾。夏五月，蘭汗弑慕容寶而自稱大將軍、昌黎王。秋七月，慕容寶子盛斬蘭汗，[1]僭稱長樂王，攝天子位。兖州刺史王恭、豫州刺史庾楷、荆州刺史殷仲堪、廣州刺史桓玄、南蠻校尉楊佺期等舉兵反。[2]八月，江州刺史王愉奔于臨川。[3]丙子，[4]寧朔將軍鄧啓方及慕容德將慕容法戰于管城，[5]王師敗績。丙戌，慕容盛僭即皇帝位於黄龍。桓玄大敗王師于白石。[6]九月辛卯，加太傅、會稽王道子黄鉞。[7]遣征虜將軍會稽王世子元顯、前將軍王珣、右將軍謝琰討桓玄等。[8]己亥，破庾楷于牛渚。[9]丙午，會稽王道子屯中堂，[10]元顯守石頭。[11]己酉，前將軍王珣守北郊，右將軍謝琰備宣陽門。[12]輔國將軍劉牢之次新亭，[13]使子敬宣擊敗恭，[14]恭奔曲阿長塘湖，[15]湖尉收送京師，斬之。於是遣太常殷茂喻仲堪及玄，[16]玄等走于尋陽。[17]冬十月，新野言騶虞見。[18]丙子，大赦。壬午，仲堪等盟于尋陽，推桓玄爲盟主。十一月，以琅邪王德文爲衛將軍、開府儀同三司，[19]領軍將軍王雅爲尚書左僕射。[20]十二月己丑，魏王珪即尊位，[21]年號天興。京兆人韋華帥襄陽流人叛，[22]降于姚興。[23]己酉，前新安太守杜炯反于京口，[24]會稽王世子元顯討斬之。禿髮烏孤自稱武威王。

[1]盛：慕容盛，慕容寶子，字道運，本書卷一二四有載記。

[2]荆州：治所在江陵縣（今湖北省江陵縣）。　殷仲堪：本書卷八四有傳。　廣州：治所在番禺縣（今廣東省廣州市）。　桓玄：字敬道，本書卷九九有傳。　南蠻校尉：官名，亦稱護南蠻校尉，府鎮襄陽，東晋改鎮江陵。掌荆州及江州少數民族事務，統兵。四品。　楊佺期：本書卷八四有傳。

[3]江州：治所在南昌縣（今江西省南昌市）。　王愉：愉，原本、宋本、殿本作“渝”，據中華本校勘記改。　臨川：郡名，治所在臨汝縣（今江西省撫州市臨川區西）。

[4]丙子：丙，原本、宋本、殿本作“景”，“景”爲“丙”的避諱字，以後本卷凡遇此避諱字均徑改，不再出注。

[5]寧朔將軍：官名，西晋時多駐幽州，爲幽州地區軍政長官，

兼管烏丸事務。四品。　鄧啓方：原本、宋本、殿本無“方”字，據中華本校勘記補。　慕容德：字玄明，又名備德，十六國南燕創建者，本書卷一二七有載記。　管城：縣名，治所在今河南省鄭州市。

[6]白石：即白石陂，又名蘇峻湖，位於今江蘇省南京市城區西北部。

[7]黄鉞：加黄鉞，即假黄鉞，假以黄鉞。黄鉞即飾以黄金的斧鉞，爲皇帝儀仗。賜予出征重臣，以示威重，令其專主征伐。

[8]元顯：司馬元顯，司馬道子之子，本書卷六四有傳。　前將軍：官名，漢代重號將軍之一，與左、右、後將軍並爲上卿。魏晋時常設，權位較兩漢時漸低，僅爲武官名號，略高於一般雜號將軍，不典禁兵，不與朝政。三品。　右將軍：官名，漢代重號將軍之一，與前、左、後將軍並爲上卿。魏晋時常設，權位漸低，僅爲武官名號，略高於一般雜號將軍。三品。　謝琰：字瑗度，本書卷七九有傳。

[9]牛渚：地名，在今安徽省馬鞍山市西長江南岸采石磯。

[10]中堂：又稱南皇堂。《江南通志》卷三〇《輿地志·江寧府》載：“中堂在上元縣古都城宣陽門外，或謂之南皇堂。六朝時建康有警，多以親貴出頓中堂。”

[11]石頭：石頭城，故址位於今江蘇省南京市清凉山。

[12]宣陽門：南朝都城建康南面正門，約位於今南京市中山路以南的淮海路一帶。又稱白門。

[13]輔國將軍：官名，三國兩晋皆置。三品。　劉牢之：字道堅，本書卷八四有傳。　新亭：又名中興亭，位於今江蘇省南京市西南。

[14]敬宣：劉敬宣，劉牢之長子，本書卷八四有傳。

[15]曲阿：縣名，治所在今江蘇省丹陽市。　長塘湖：又名洮湖，即今江蘇省南部常州市溧陽市、金壇區之間的長蕩湖。

[16]太常：官名，漢代稱奉常，本掌禮樂宗廟、社稷祭祀，魏

晋時此職掌歸尚書裁定，太常成爲閑職。三品。

[17]尋陽：縣名，治所在今湖北省黄梅縣西南。

[18]新野：縣名，治所在今河南省新野縣。　騶虞：傳説中的義獸名。《詩·召南·騶虞》："彼茁者葭，壹發五豝，於嗟乎騶虞。"毛亨傳："騶虞，義獸也。白虎黑文，不食生物，有至信之德則應之。"

[19]德文：司馬德文，晋恭帝，本書卷一〇有紀。　衛將軍：官名，魏晋時位在名號將軍之上，多爲軍府名號，加給大臣、重要州郡長官。二品，開府位從公者一品。　開府儀同三司：官名，三國魏始置。爲大臣加號，意謂與太尉、司徒、司空三司待遇相同，許開設府署，任命僚屬。

[20]王雅：字茂達，本書卷八三有傳。

[21]魏王珪：珪，原本、宋本作"圭"，殿本作"珪"，據殿本改。本卷下文該人名同。

[22]京兆：郡名，治所在長安縣（今陝西省西安市西北）。　韋華：華，原本、宋本、殿本作"禮"，據中華本校勘記改。　襄陽：郡名，東漢建安十三年（208）置，治所在襄陽縣（今湖北省襄陽市），西晋移治宜城縣（今湖北省宜城市南）。

[23]姚興：字子略，本書卷一一七有載記。

[24]新安：郡名，治所在始新縣（今浙江省淳安縣西北新安江北岸，現已没入千島湖）。　京口：今江蘇省鎮江市。

三年春正月辛酉，封宗室藴爲淮陵王。[1]二月甲辰，河間王國鎮薨。林邑范胡達陷日南、九真，[2]遂寇交阯，[3]太守杜瑗討破之。段業自稱凉王。仇池公楊盛遣使稱藩，獻方物。三月己卯，追尊所生陳夫人爲德皇太后。[4]夏四月乙未，加尚書令王珣衛將軍，以會稽王世子元顯爲揚州刺史。[5]六月戊子，以琅邪王德文爲司徒。

慕容德陷青州，[6]害龍驤將軍辟閭渾，[7]遂僭即皇帝位于廣固。[8]秋八月，禿髮烏孤死，其弟利鹿孤嗣僞位。[9]冬十月，姚興陷洛陽，執河南太守辛恭靖。[10]十一月甲寅，妖賊孫恩陷會稽，[11]内史王凝之死之，[12]吴國内史桓謙、臨海太守新蔡王崇、義興太守魏隱並委官而遁，[13]吴興太守謝邈、永嘉太守司馬逸皆遇害。[14]遣衛將軍謝琰、輔國將軍劉牢之逆擊，走之。十二月，桓玄襲江陵，[15]荆州刺史殷仲堪、南蠻校尉楊佺期並遇害。吕光立其太子紹爲天王，自號太上皇。是日，光死，吕纂弑紹而自立。[16]是歲，荆州大水，平地三丈。

[1]宗室藴：司馬藴，武陵王司馬晞之孫，爲淮陵王，位至散騎常侍。

[2]林邑：即占城，在今越南社會主義共和國中部地區。本書卷九七有傳。　范胡達：原本、宋本、殿本作“范達”，無“胡”字，據中華本校勘記補。　日南：郡名，治所在西卷縣（今越南社會主義共和國廣治河與甘露河合流處）。　九真：郡名，西漢文帝時南越王趙佗置。漢武帝時爲漢郡，治所在胥浦縣（今越南社會主義共和國清化省清化市西北）。

[3]交阯：郡名，治所在龍編縣（今越南社會主義共和國河北省仙游縣東）。

[4]陳夫人：名歸女，本書卷三二有傳。

[5]揚州：治所在建康（今江蘇省南京市）。

[6]青州：治所在臨淄縣（今山東省淄博市東北）。

[7]龍驤將軍：官名，高級軍事將領。三品。

[8]廣固：廣固城，位於今山東省青州市西北。

[9]利鹿孤：禿髮利鹿孤，十六國南凉國主，本書卷一二六有

載記。

[10]河南：郡名，治所在洛陽縣（今河南省洛陽市東北）。 辛恭靖：靖，原本、宋本、殿本作“静”，據中華本校勘記改。

[11]孫恩：字靈秀，本書卷一〇〇有傳。　會稽：郡名，治所在山陰縣（今浙江省紹興市）。

[12]内史：官名，西晉武帝太康十年（289）改諸王國相爲内史，掌管民政。五品。周家禄《晋書校勘記》認爲：“晋制，以郡爲國，内史治民事，若郡太守。國除爲郡，復稱太守。然二名往往混淆，史家亦互稱之。”　王凝之：《世説新語·言語》注引《王氏譜》：“王凝之字叔平，右將軍羲之第二子。歷江州刺史、左將軍、會稽内史。”信奉五斗米道。

[13]吴國：郡國名，治所在吴縣（今江蘇省蘇州市）。　桓謙：字敬祖，本書卷七四有傳。　臨海：郡名，三國吴置，治所在臨海縣（今浙江省臨海市），尋移置章安縣（今浙江省臨海市東南）。　義興：郡名，治所在陽羡縣（今江蘇省宜興市）。　魏隱：中華本校勘記：“《孫恩傳》作‘魏傿’。《校文》：《謝琰傳》作‘魏鄢’。”

[14]吴興：郡名，治所在烏程縣（今浙江省湖州市南）。　謝邈：字茂度，本書卷七九有傳。　永嘉：郡名，治所在永寧縣（今浙江省温州市）。　司馬逸：中華本校勘記：“《商榷》：《孫恩傳》作‘謝逸’。《考異》：《南史·孝義傳》作‘司馬逸之’。按：《宋書·張進之傳》亦作‘司馬逸之’。”

[15]江陵：縣名，治所在今湖北省江陵縣。

[16]紹：吕紹，字永業，吕光子，吕光死後即位後凉主。後被其兄吕纂所逼自殺。

四年春正月乙亥，大赦。二月己丑，有星孛于奎婁，[1]進至紫微。[2]三月，彗星見于太微。[3]夏四月，地震。孫恩寇浹口。[4]五月丙寅，散騎常侍、衛將軍、東亭侯王珣卒。己卯，會稽内史謝琰爲孫恩所敗，死之。恩轉寇臨海。六月庚辰朔，日有蝕之。旱。輔國司馬劉裕破恩于南山。[5]恩將盧循陷廣陵，[6]死者三千餘人。以琅邪王師何澄爲尚書左僕射。秋七月壬子，太皇太后李氏崩。丁卯，大赦。是月，姚興伐乞伏乾歸，降之。八月丁亥，尚書右僕射王雅卒。[7]壬寅，葬文太后于脩平陵。九月癸丑，地震。冬十一月，寧朔將軍高雅之及孫恩戰於餘姚，[8]王師敗績。以揚州刺史元顯爲後將軍、開府儀同三司、都督揚豫徐兖青幽冀并荆江司雍梁益交廣十六州諸軍事，[9]前將軍劉牢之爲鎮北將軍，[10]封元顯子彦璋爲東海王。十二月戊寅，有星孛于天市。[11]是歲，河右諸郡奉凉武昭王李玄盛爲秦凉二州牧、凉公，[12]年號庚子。

[1]星孛：星孛，彗星。《春秋左傳·文公十四年》："秋，七月，有星孛入於北斗。"杜預注："孛，彗也。"　奎：星宿名。二十八宿之一，爲西方白虎七宿的第一宿，有星十六顆。因其形似胯而得名。　婁：星宿名。二十八宿之一。西方白虎七宿的第二宿。

[2]紫微：星宫名，三垣之一。有星十五顆，分兩列，以北極爲中樞，成屏藩狀。

[3]太微：古代星宫名。三垣之一。位於北斗之南，軫、翼之北，大角之西，軒轅之東。諸星以五帝座爲中心，作屏藩狀。

[4]浹口：位於今浙江省寧波市甬江河口。

[5]輔國司馬：官名，輔國將軍府佐官。將軍府的高級幕僚，掌參讚軍務、管理府内武職，位僅次於長史。七品。　劉裕：字德輿，小名寄奴，彭城（今江蘇省徐州市）人，南朝宋開國皇帝。世

居京口，初爲東晋冠軍司馬，後被劉牢之任爲參軍。歷任鎮軍將軍、都督十六州諸軍事，官至相國，受封宋王。元熙二年（420）代晋稱帝。卒謚武皇帝，廟號高祖。　南山：今浙江省海鹽縣西南觀音山。

［6］恩將盧循陷廣陵：中華本校勘記："《孫恩傳》、《通鑑》一一二皆繫於下年，《魏書·司馬睿傳》亦繫於下年攻滬瀆至郁洲之後，《紀》蓋錯前一年。"盧循，字于先，小名元龍，本書卷一〇〇有傳。廣陵，郡名，三國時治所在淮陰縣（今江蘇省淮安市淮陰區甘羅城），東晋治所在廣陵縣（今江蘇省揚州市西北蜀岡上）。

［7］尚書右僕射：官名，尚書令副手，掌拆閱封緘奏章文書、參議政事、諫諍駁議、監察百官。位在左僕射之下。三品。

［8］餘姚：縣名，治所在今浙江省餘姚市。

［9］後將軍：官名，漢代爲重號將軍，與前、左、右將軍並爲上卿。魏晋權位漸低，略高於一般雜號將軍。三品。　都督揚豫徐兖青幽冀并荆江司雍梁益交廣十六州諸軍事：上述十六州最高軍事行政長官。

［10］鎮北將軍：官名，東漢建安年間置，與鎮西、鎮南、鎮東將軍合稱四鎮將軍，多爲持節都督，出鎮方面。曹魏二品。晋三品，加持節都督者二品。

［11］天市：星區名。《史記》卷二七《天官書》："東北曲十二星曰旗。旗中四星曰天市。"

［12］李玄盛：即十六國西凉創始人李暠，字玄盛，本書卷八七有傳。　秦：秦州，治所在冀縣（今甘肅省甘谷縣東）。

五年春二月丙子，孫恩復寇浹口。吕超弑吕纂，[1]以其兄隆僭即僞位。[2]三月甲寅，衆星西流，歷太微。夏五月，孫恩寇滬瀆，[3]吴國内史袁山松死之。[4]沮渠蒙遜殺段業，[5]自號大都督、北凉州牧。[6]六月甲戌，孫恩至丹徒。[7]乙亥，内外戒嚴，百官入居于省。冠軍將軍高素、右衛將軍張崇之守石頭，[8]輔國將軍劉襲栅斷淮口，[9]丹楊尹司馬恢之戍南岸，[10]冠軍將軍桓謙、輔國將軍司馬允之、游擊將軍毛邃備白石，[11]左衛將軍王嘏、領軍將軍孔安國屯中堂皇。[12]徵豫州刺史、譙王尚之衛京師。[13]寧朔將軍高雅之擊孫恩於廣陵之郁洲，[14]爲賊所執。秋七月，段璣弑慕容盛，[15]盛叔父熙盡誅段氏，[16]因僭稱尊號。九月，吕隆降于姚興。冬十月，姚興帥師侵魏，大敗而旋。是歲，饑，禁酒。

[1]吕超：十六國後凉人，氐族，吕寶子。任驍騎將、番禾太守等。後擁立吕隆即天王位，自任司隸校尉、録尚書事。後降於後秦，任安定太守。

[2]隆：吕隆，字永基，本書卷一二二有載記。

[3]孫恩寇滬瀆：原本、宋本、殿本脱“滬瀆”二字，據中華本校勘記補。滬瀆，原指今上海市西舊青浦鎮附近古吴淞江。後隨著長江三角洲的擴展，江身下移，滬瀆之名遂移至今上海市區吴淞江。

[4]袁山松：袁喬孫，本書卷八三有傳。

[5]沮渠蒙遜：盧水胡人，十六國北凉主，本書卷一二九有載記。

[6]北凉州牧：中華本校勘記：“周校：《載記》凉州牧無‘北’字。按：《北史·北凉列傳》、《御覽》一二四引《北凉録》同《載記》。”

[7]丹徒：縣名，治所在今江蘇省鎮江市東南丹徒鎮。

[8]冠軍將軍：官名，曹魏、孫吴、西晋皆置。西晋時領營兵。三品。　右衛將軍：官名，三國魏咸熙二年（265），司馬炎即晋王

位，分中衛將軍爲左、右衛將軍。掌佽飛虎賁及前驅、由基、强弩三部司馬，屬下還有虎賁、羽林、上騎、異力、命中共五部督，負責宫禁侍衛。西晋屬中軍將軍，後屬領軍將軍。爲禁衛軍主要統帥之一，權任很重。四品。

[9]淮口：古汴水入淮河之口，位於今江蘇省泗洪縣東南、盱眙縣北。

[10]丹楊尹：官名，東晋京城所在郡府長官，掌京城行政諸務並詔獄，亦稱“京尹”。三品。楊，殿本作“揚”。

[11]游擊將軍：官名，禁軍將領，與驍騎將軍分領命中虎賁，掌宿衛之任。隸屬中領軍（領軍將軍）。四品。　毛邃：毛安之第三子，被司馬道子父子所昵，任游擊將軍。後被桓玄所殺。

[12]左衛將軍：官名，三國魏咸熙二年（265），司馬炎即晋王位，分中衛將軍爲左、右衛將軍。掌佽飛虎賁及前驅、由基、强弩三部司馬，屬下還有虎賁、羽林、上騎、異力、命中共五部督，負責宫禁侍衛。西晋屬中軍將軍，後屬領軍將軍。爲禁衛軍主要統帥之一，權任很重。四品。　孔安國：字安國，本書卷七八有傳。　中堂皇：原本、宋本、殿本作“中堂皇”，中華本作“中皇堂”。

[13]譙王尚之：司馬尚之，字伯道，本書卷三七有傳。

[14]郁洲：一名田横島，位於今江蘇省連雲港市東雲臺山一帶。

[15]段璣：原本、宋本作“段興”，殿本作“段璣”，據殿本、中華本校勘記改。

[16]熙：慕容熙，字道文，小字長生，本書卷一二四有載記。

元興元年春正月庚午朔，大赦，改元。以後將軍元顯爲驃騎大將軍、征討大都督，[1]鎮北將軍劉牢之爲元顯前鋒，前將軍、譙王尚之爲後部，以討桓玄。二月丙午，帝戎服餞元顯于西池。[2]丁巳，遣兼侍中、齊王柔之以騶虞幡宣告荆、江二州。[3]丁卯，桓玄敗王師于姑孰，[4]譙王尚之、齊王柔之並死之。以右將軍吴隱之爲都督交廣二州諸軍事、廣州刺史。[5]三月己巳，劉牢之叛降于桓玄。辛未，王師敗績于新亭，驃騎大將軍、會稽王世子元顯，東海王彦璋，冠軍將軍毛泰，游擊將軍毛邃並遇害。壬申，桓玄自爲侍中、丞相、録尚書事，[6]以桓謙爲尚書僕射，[7]遷太傅、會稽王道子于安城。[8]玄俄又自稱太尉、揚州牧，[9]總百揆，以琅邪王德文爲太宰。[10]臨海太守辛景擊孫恩，[11]斬之。是月，禿髮利鹿孤死，弟傉檀嗣僞位。[12]秋七月乙亥，新蔡王崇爲其奴所害。八月庚子，尚書下舍灾。冬十月，冀州刺史劉軌叛奔于慕容德。[13]十二月庚申，會稽王道子爲桓玄所害。曲赦廣陵、彭城大逆以下。[14]

[1]驃騎大將軍：官名，魏晋制度，驃騎將軍爲重號將軍，僅次於大將軍，高於諸名號將軍，本不需加“大”字。然兩晋時將軍名號越授越濫，遂又增置此號，居諸名號將軍之首。多加於權臣元老，以示尊崇。開府置僚屬，不領兵。二品，開府位從公者一品。　征討大都督：官名，掌外出征討統軍，名位在征討都督之上。

[2]西池：位於今江蘇省南京市城内。

[3]侍中：官名，東漢建安中與給事黄門侍郎出入禁中，省尚書事。曹魏時爲門下之侍中省長官。常侍衛皇帝左右，掌顧問應對、諫諍糾察、平議奏事、駁奏異議等，權力甚重。三品。　騶虞幡：一種繪有騶虞圖形的旗幟，用以傳旨解兵。趙翼《廿二史劄記》卷八：“晋制最重騶虞幡，每至危險時，或用以傳旨，或用以止兵，見之者輒慴伏而不敢動，亦一朝之令甲也。”

[4]姑孰：即姑孰口，姑孰溪入長江之口，位於今安徽省當塗

縣西北。

［5］吴隱之：字處默，本書卷九〇有傳。　都督交廣二州諸軍事：交州、廣州地區最高軍事行政長官。

［6］丞相：官名，原爲最高國務長官，魏晋時省置無常，或分置左、右，或稱大丞相，多用來安置權臣。　録尚書事：官名，初爲職銜名，重臣加此名義始得總知國事，綜理政務，成爲真宰相。魏晋多以公卿權重者居之，總領尚書省政務，凡重號將軍、刺史皆得命曹授用，位在三公之上。

［7］以桓謙爲尚書僕射：中華本校勘記："據《弘明集》一二桓謙《答玄論沙門敬事書》署銜爲'中軍將軍、尚書令'，《廣弘明集》二五道宣《簡宰輔叙佛教隆替狀》亦稱'尚書令桓謙'。不作'僕射'。"

［8］安城：郡名，治所在平都縣（今江西省安福縣東南六十里洋口城田一帶）。

［9］太尉：官名，曹操爲丞相後，太尉府屬官歸相府，晋時太尉雖爲八公之一、三公之首，實爲名譽宰相，多爲大臣加官。一品。

［10］太宰：官名，即太師，因避司馬師名諱而改名太宰。八公之一，居上公之首，爲宰相之任。一品。

［11］辛景：中華本校勘記："《諸史考異》：《世説·德行》注引《晋書·安帝紀》作'辛昺'，今紀作'辛景'，是史臣避唐諱改。"

［12］傉檀：秃髮傉檀，十六國南凉主，本書卷一二六有載記。

［13］冀州：此爲東晋僑置州，在今揚州、高郵、泰州一帶。（詳見胡阿祥《東晋南朝僑州郡縣與僑流人口研究》，第201頁）

［14］曲赦：特赦。

二年春二月辛丑，建威將軍劉裕破徐道覆于東陽。[1]乙卯，桓玄自稱大將軍。丁巳，冀州刺史孫無終爲桓玄所害。夏四月癸巳朔，日有蝕之。秋八月，玄又自號相國、楚王。九月，南陽太守庾仄起義兵，[2]爲玄所敗。冬十一月壬午，玄遷帝于永安宫。[3]癸未，移太廟神主于琅邪國。[4]十二月壬辰，玄篡位，以帝爲平固王。辛亥，帝蒙塵于尋陽。[5]

[1]徐道覆：東晋人，盧循姊夫。隨盧循起兵反晋，大敗東晋衛將軍劉毅。後被劉裕打敗，被殺。　東陽：郡名，治所在長山縣（今浙江省金華市）。

[2]南陽：郡名，治所在宛縣（今河南省南陽市）。

[3]永安宫：《景定建康志》卷二一《城闕志·古宫殿》注引《宫苑記》："永安宫在臺城東華門外。"

[4]琅邪國：封國名，東晋僑置於今江蘇省南京市栖霞區。

[5]蒙塵：帝王失位逃亡在外，蒙受風塵。

三年春二月，帝在尋陽。庚寅夜，濤水入石頭，漂殺人户。乙卯，建武將軍劉裕帥沛國劉毅、東海何無忌等舉義兵。[1]丙辰，斬桓玄所署徐州刺史桓修于京口，[2]青州刺史桓弘于廣陵。[3]丁巳，義師濟江。三月戊午，劉裕斬玄將吴甫之于江乘，[4]斬皇甫敷於羅落。[5]己未，玄衆潰而逃。庚申，劉裕置留臺，[6]具百官。庚申，[7]桓玄司徒王謐推劉裕行鎮軍將軍、徐州刺史、都督揚徐兖豫青冀幽并八州諸軍事、假節。[8]劉裕以謐領揚州刺史、録尚書事。辛酉，劉裕誅尚書左僕射王愉、愉子荆州刺史綏、司州刺史温詳。[9]辛未，桓玄逼帝西上。丙戌，密詔以幽逼於玄，萬機虚曠，[10]令武陵王遵依舊典，[11]承制總百官行事，[12]加侍中，餘如故。并大赦謀反大逆已下，惟桓玄一祖之後不宥。夏四月己丑，大將軍、武陵王遵稱制，總萬機。庚寅，帝至江陵。庚戌，輔國將軍何無忌、振武將軍劉道規及桓玄將庾稚、何澹之戰于湓口，[13]大破之。玄復逼帝東下。五月癸酉，冠軍將軍劉毅及桓玄戰于崢嶸洲，[14]又破之。己卯，帝復幸江陵。辛巳，荆州别駕王康産、南郡太守王騰之奉帝居于南郡。[15]壬午，督護馮遷斬桓玄於貊盤洲。[16]乘輿反正于江陵。甲申，詔曰："奸凶篡逆，自古有之。朕不能式遏杜漸，以致播越。賴鎮軍將軍裕英略奮發，忠勇絶世，冠軍將軍毅等誠心宿著，協同嘉謀。義聲既振，士庶效節，社稷載安，四海齊慶。其大赦，凡諸畏逼事屈逆命者，一無所問。"戊寅，[17]奉神主入于太廟。閏月己丑，桓玄故將揚武將軍桓振陷江陵，[18]劉毅、何無忌退守尋陽，帝復蒙塵于賊營。六月，益州刺史毛璩討僞梁州刺史桓希，[19]斬之。秋七月戊申，永安皇后何氏崩。[20]八月癸酉，祔葬穆帝章皇后于永平陵。九月，前給事中刁騁、秘書丞王邁之謀反，[21]伏誅。冬十月，盧循寇廣州，刺史吴隱之爲循所敗。執始興相阮腆之而還。[22]慕容德死，兄子超嗣僞位。[23]

[1]沛國：三國時治所在沛縣（今江蘇省沛縣），西晋時治所在相縣（今安徽省濉溪縣西北）。　劉毅：字希樂，本書卷八五有傳。　東海：郡名，治所在郯縣（今山東省郯城縣北）。　何無忌：東晋東海郯縣人，在京口常參議舅父劉牢之大事。隨劉裕討桓玄，

歷任江州刺史、都督荆江豫三州八郡諸軍事。後戰死。

［2］徐州：此處當爲東晋僑置州，治所在廣陵、京口、下邳等地。（詳見胡阿祥《東晋南朝僑州郡縣與僑流人口研究》，第 247 頁）

［3］青州：此處當爲東晋僑置州，治所先後在淮陰、京口、廣陵等地。（詳見胡阿祥《東晋南朝僑州郡縣與僑流人口研究》，第 242 頁）　桓弘：弘，宋本作“玄”。

［4］江乘：縣名，治所在今江蘇省句容市北。

［5］羅落：地名，在今江蘇省南京市東北長江南岸。

［6］留臺：指古代帝王因故离京，奉命留守京師之官及其機構。

［7］庚申：原本、宋本、殿本作“壬戌”。牛繼清先生考證，安帝元興三年三月戊午朔，壬戌不當在辛酉前。《宋書·武帝紀》作三月庚申“推高祖爲使持節、都督揚徐兖豫青冀幽并八州諸軍事、領軍將軍、徐州刺史。”《南史·宋本紀》《建康實録》亦作庚申。則此處“壬戌”爲“庚申”之誤。（參見牛繼清《〈晋書〉時誤補校舉例》，《固原師專學報》1997 年第 4 期）

［8］鎮軍將軍：官名，三國時始置，西晋罷又復置。位在鎮軍大將軍下，與中軍將軍、撫軍將軍並爲三名號將軍，位比四鎮將軍。三品。　都督揚徐兖豫青冀幽并八州諸軍事：上述八州最高軍事行政長官。　假節：假以節杖。指大臣臨時持節出巡，爲權臣掌軍、秉政的地位象徵和政治待遇。

［9］王愉：字茂和，本書卷七五有傳。　荆州刺史綏：綏，原本、宋本作“緩”，殿本作“綏”，據殿本、中華本校勘記改。　司州：此爲東晋僑置州，治所在襄陽（今湖北省襄陽市）。（參見胡阿祥《東晋南朝僑州郡縣與僑流人口研究》，第 162 頁）

［10］萬機：機，殿本作“幾”。下文“萬機”同。

［11］武陵王遵：司馬遵，字茂遠，本書卷六四有傳。

［12］承制：秉承皇帝旨意便宜行事。

［13］振武將軍：官名，屬常設將軍名號，統兵。四品。　劉道

規：字道則，劉裕少弟，東晋末任振武將軍、義昌太守，隨劉裕征桓玄，破孫恩，屢立戰功。死後追封臨川王。　桓玄將庾稚：中華本校勘記："周校：《玄傳》'庾稚'作'庾稚祖'。按：《通鑑》一一三亦作'庾稚祖'。"　溢口：一名溢浦口，位於今江西省九江市西北，即溢浦水入長江之口。

[14]峥嶸洲：位於今湖北省黄岡市西北長江中。

[15]别駕：官名，别駕從事、别駕從事史省稱。州部佐官，因從刺史行部，别乘傳車，故稱。位居州吏之右。　南郡：治所在江陵縣（今湖北省江陵縣）。

[16]督護：官名，州郡及出鎮方面將軍府皆設，掌兵事。兩晋時常統軍征伐，祇督一軍。　貊盤洲：中華本校勘記："《桓玄傳》作'枚回洲'，《水經注·江水》注、《通鑑》一一三、《御覽》六六引《荆南記》亦均作'枚回洲'。"

[17]戊寅：中華本校勘記："戊寅後癸酉六日，而在上文己卯前，此日次失序。"

[18]揚武將軍：官名，統兵出征。四品。　桓振：字道全，本書卷七四有傳。

[19]益州：治所在成都縣（今四川省成都市）。　毛璩：字叔璉，本書卷八一有傳。

[20]永安皇后何氏：名法倪，本書卷三二有傳。

[21]給事中：官名，爲加官，所加爲三公、將軍、中書監令、博士、郎等。常侍從皇帝左右，諫諍糾彈，爲中朝要職。五品。　秘書丞：官名，秘書監次官。負責典籍圖書的管理和整理，爲清要之官，多由士族高門擔任。六品。

[22]始興：郡名，治所在曲江縣（今廣東省韶關市東南蓮花嶺下）。　相：官名，郡國相，也稱内史。五品。　阮腆之：中華本校勘記："《阮裕傳》作'阮腆'。"

[23]超：慕容超，字祖明，本書卷一二八有載記。

義熙元年春正月，帝在江陵。南陽太守魯宗之起義兵，襲破襄陽。己丑，劉毅次于馬頭。[1]桓振以帝屯于江津。[2]辛卯，宗之破振將温楷于柞溪，[3]進次紀南，[4]爲振所敗。振武將軍劉道規擊桓謙，走之。乘輿反正，帝與琅邪王幸道規舟。戊戌，詔曰："朕以寡德，夙纂洪緒。不能緝熙遐邇，式遏奸宄。逆臣桓玄乘釁肆亂，乃誣罔天人，篡據極位。朕躬播越，淪胥荒裔，[5]宣皇之基，眇焉以墜。賴鎮軍將軍裕忠武英斷，誠冠終古，運謀機始，貞賢協其契；抆淚誓衆，義士感其心。故霜戈一揮，巨猾奔迸；三率棱威，[6]大憝授首。[7]而孽振猖狂，嗣凶荆郢，[8]幸天祚社稷，義旗載捷，狡徒沮潰，朕獲反正。斯實宗廟之靈，勤王之勛，豈朕一人獨享伊祐？思與億兆，幸兹更始。其大赦，改元，唯玄振一祖及同黨不在原例。賜百官爵二級，[9]鰥寡孤獨穀人五斛，大酺五日。"二月丁巳，留臺備乘輿法駕，[10]迎帝於江陵。弘農太守戴寧之、建威主簿徐惠子等謀反，[11]伏誅。平西參軍譙縱害平西將軍、益州刺史毛璩，[12]以蜀叛。三月，桓振復襲江陵，荆州刺史司馬休之奔于襄陽。[13]建威將軍劉懷肅討振，[14]斬之。帝至自江陵。乙未，百官詣闕請罪。詔曰："此非諸卿之過，其還率職。"戊戌，舉章皇后哀三日，臨于西堂。劉裕及何無忌等抗表遜位，不許。庚子，以琅邪王德文爲大司馬，武陵王遵爲太保，加鎮軍將軍劉裕爲侍中、車騎將軍、都督中外諸軍事。[15]甲辰，詔曰："自頃國難之後，人物彫殘，常所供奉，猶不改舊，豈所以視人如傷，[16]禹湯歸過之誠哉![17]可籌量減省。”夏四月，劉裕旋鎮京口。戊辰，餞于東堂。五月癸未，禁絹扇及摴蒱。[18]游擊將軍、章武王秀，益州刺史司馬軌之謀反，[19]伏誅。桓玄故將桓亮、苻宏、刁預寇湘州，[20]守將擊走之。秋八月甲子，封臨川王子脩之爲會稽王。[21]冬十一月，乞伏乾歸伐仇池，[22]仇池公楊盛大破之。是歲，凉武昭王玄盛遣使奉表稱藩。

[1]馬頭：即馬頭岸，位於今湖北省荆州市埠河鎮。

[2]江津：即江津戍，一名奉城，位於今湖北省荆州市沙市區東南長江中沙洲上。

[3]柞溪：即柞溪水，源出今湖北省江陵縣北，東流至潛江市西入古揚夏水。

[4]紀南：即紀南城，位於今湖北省江陵縣西北。

[5]淪胥荒裔：淪落荒蠻邊遠地區。

[6]三率：皇宫所置宿衛有“三率”之稱，指中衛率、左衛率、右衛率。此指朝廷軍隊。

[7]大憝：首惡，罪魁。

[8]荆郢：荆楚，泛指今湖北、湖南一帶。

[9]賜百官爵二級：官，原本、宋本作“姓”，殿本作“官”，據殿本、中華本校勘記改。

[10]乘輿法駕：皇帝的車乘。

[11]弘農：東晋僑置郡，治所在今江西省九江市。後改爲弘農縣。　建威主簿：官名，建威將軍屬官，典領文書籍簿，省録衆事，職權甚重。

[12]平西參軍：官名，平西將軍府佐官，掌參謀軍事。參軍，官名，亦作參軍事，謂參謀軍事。兩晋公府、軍府皆置。　譙縱：巴西南充（今四川省南充市）人，本書卷一〇〇有傳。　平西將

軍：官名，與平北、平南、平東將軍合稱四平將軍，權任很重，多持節都督或監某一地區的軍事，有時亦作爲刺史等地方官員兼理軍務的加官。三品，加持節都督者二品。

[13]司馬休之：晋宗室，字季豫，譙王司馬恬子。任襄城太守，鎮歷陽。受桓玄圍攻，投奔南燕。桓玄敗後南歸，又與劉裕交惡，投奔後秦。劉裕滅後秦，又投奔北魏。

[14]劉懷肅：彭城（今江蘇省徐州市）人，劉裕從母兄，初爲劉敬宣寧朔府司馬，東征孫恩，有戰功，又爲龍驤司馬、費令。隨劉裕討桓玄及桓氏餘黨，除通直郎，任淮南歷陽二郡太守。

[15]車騎將軍：官名，魏晋南北朝時位次於驃騎將軍，在諸名號將軍之上，多作爲軍府名號，以加授大臣及重要州郡長官。二品，開府位從公者一品。　都督中外諸軍事：官名，亦稱都督中外諸軍。全國最高軍事統帥，總統中央地方的内外諸軍，權力極大。

[16]視人如傷：即視民如傷。形容帝王、官吏極其顧恤民衆疾苦。《孟子·离婁下》："文王視民如傷，望道而未之見。"孫奭疏："言文王常有恤民之心，故視下民常若有所傷，而不敢以横役而擾動之。"

[17]禹湯歸過：大禹和商湯把罪過歸於自己。《左傳·莊公十一年》："禹、湯罪己，其興也悖焉；桀、紂罪人，其亡也忽焉。"

[18]摴蒲：風靡當時的賭博游戲。

[19]章武王秀：司馬秀，河間王司馬欽之孫，義熙元年（405），爲桂陽太守。司馬秀妻爲桓振之妹，桓振作逆，秀不自安，謀反，伏誅，國除。

[20]湘州：治所在臨湘縣（今湖南省長沙市）。

[21]臨川王子脩之：臨川王司馬寶之子，出嗣司馬道子。義熙中，有稱司馬元顯子司馬秀熙仍存於蠻中，便罷司馬脩之歸於别第。後發現司馬秀熙爲假冒，脩之復爲嗣。

[22]仇池：位於今甘肅省西和縣西仇池山上，又名百頃池。

二年春正月，益州刺史司馬榮期擊譙縱將譙子明于白帝，[1]破之。夏五月，封高密王子法蓮爲高陽王。秋七月，梁州刺史楊孜敬有罪，伏誅。冬十月，論匡復之功，封車騎將軍劉裕爲豫章郡公，撫軍將軍劉毅南平郡公，[2]右將軍何無忌安成郡公，[3]自餘封賞各有差。乙亥，[4]以左將軍孔安國爲尚書左僕射。[5]十二月，盜殺零陵太守阮野。[6]

[1]白帝：即白帝城，位於今重慶市奉節縣。

[2]撫軍將軍：官名，三國蜀漢、孫吴皆置，爲加官，以示權重。晋沿置，與中軍將軍、鎮軍將軍並爲三名號將軍。三品。　南平郡公：平，宋本作“陽”。

[3]安成郡公：原本、宋本於“郡”前有“都”字，殿本無，據殿本删。

[4]乙亥：是年十月癸卯朔，無乙亥。

[5]左將軍：官名，漢代爲重號將軍，與右、前、後將軍並爲上卿。魏晋時爲常設官職，權位較兩漢漸低，僅爲武官名號，略高於一般雜號將軍，不典禁兵。三品。

[6]零陵：郡名，西漢置，治所在零陵縣（今廣西壯族自治區全州縣西南），東漢至晋治所在泉陵縣（今湖南省永州市）。

三年春二月己酉，車騎將軍劉裕來朝。誅東陽太守殷仲文、南蠻校尉殷叔文、晋陵太守殷道叔、永嘉太守駱球。[1]己丑，[2]大赦，除酒禁。夏五月，大水。六月，姚興將赫連勃勃僭稱天王于朔方，[3]國號夏。秋七月戊戌朔，日有蝕之。汝南王遵之有罪，伏誅。八月，遣冠軍將軍劉敬宣持節監征蜀諸軍事。[4]冬十一月，赫連勃勃大敗秃髮傉檀，傉檀奔于南山。[5]是歲，高雲、馮跋殺慕容熙，[6]雲僭即帝位。[7]

[1]殷仲文：本書卷九九有傳。　殷叔文：殷仲文的弟弟。　晋陵：郡名，治所在京口（今江蘇省鎮江市）。

[2]己丑：中華本校勘記："二月辛丑朔，無己丑，己丑爲閏二月十九日。上文誅殷仲文、駱球等，《通鑑》一一四並繫於閏月。"

[3]赫連勃勃：字屈孑，本書卷一三〇有載記。　朔方：郡名，治所在朔方縣（今内蒙古自治區杭錦旗北），轄境相當於今内蒙古自治區前套西北部及後套地區。

[4]持節：官員外出持有皇帝授予的節杖，代表高等權威，常用於軍事長官出征。　監征蜀諸軍事：征討蜀地諸軍的監軍，權力極大。

[5]大敗秃髮傉檀，傉檀奔于南山：原本、宋本作"大敗秃髮傉檀奔于南山"，無"傉檀"二字，殿本有，據殿本補。

[6]高雲：又名慕容雲，字子雨，本書卷一二四有載記。　馮跋：字文起，本書卷一二五有載記。

[7]僭即帝位：僭，原本、宋本作"冠"，殿本作"僭"，據殿本改。

四年春正月甲辰，以琅邪王德文領司徒，車騎將軍劉裕爲揚州刺史、録尚書事。庚申，侍中、太保、武陵王遵薨。夏四月，散騎常侍、尚書左僕射孔安國卒。甲午，[1]加吏部尚書孟昶尚書左僕射。[2]冬十一月癸丑，[3]雷。梁州刺史楊思平有罪，棄市。辛卯，大風拔樹。是月。秃髮傉檀僭即凉王位。十二月，陳留王曹靈誕薨。

［1］甲午：是年四月甲子朔，月内無甲午。

［2］吏部尚書：官名，三國魏時爲尚書省吏部曹長官，位居列曹尚書之上。三品。

［3］癸丑：殿本作“辛卯”，下文“辛卯”殿本作“癸丑”。中華本校勘記：“是月辛卯朔，下‘辛卯’應在癸丑前，繫日失序。”

五年春正月辛卯，大赦。庚戌，[1]以撫軍將軍劉毅爲衛將軍、開府儀同三司，加輔國將軍何無忌鎮南將軍。[2]戊戌，[3]尋陽地震。二月，慕容超將慕容興宗寇宿豫，[4]陽平太守劉千載、南陽太守趙元並爲賊所執。[5]三月己亥，大雪，[6]平地數尺。車騎將軍劉裕帥師伐慕容超。夏六月丙寅，震于太廟。劉裕大破慕容超于臨朐。[7]秋七月，姚興將乞伏乾歸僭稱西秦王於苑川。[8]九月戊辰，離班弑高雲，雲將馮跋攻班，殺之。[9]跋僭即王位，仍號燕。冬十月，魏清河王紹弑其主珪。[10]

［1］庚戌：殿本作“戊戌”，下文“戊戌”殿本作“庚戌”。

［2］鎮南將軍：官名，與鎮東、鎮西、鎮北將軍合稱四鎮將軍。多爲持節都督，出鎮方面。曹魏二品。晋改三品，加持節都督者二品。

［3］戊戌：是年正月庚寅朔，戊戌初九日，不當在庚戌（二十一日）後，失序。《宋書》卷三四《五行志五》、《晋書》卷二九《五行志下》載尋陽地震事均在正月戊戌夜，牛繼清先生認爲此當屬報遲誤系於後。（參見牛繼清《〈晋書〉時誤補校舉例》，《固原師專學報》1997年第4期）

［4］宿豫：縣名，治所在今江蘇省宿遷市東南舊黄河東北岸古城。

[5]陽平：郡名，治所在元城縣（今河北省大名縣東北）。南陽：中華本校勘記："《慕容超載記》及《宋書·武帝紀》上'南陽'並作'濟南'。以地理考之，作'濟南'者是。"

[6]三月己亥，大雪：己亥，原本、宋本、殿本作"乙亥"，據中華本校勘記改。

[7]臨朐：縣名，治所在今山東省臨朐縣。

[8]苑川：位於今甘肅省榆中縣東北。

[9]"九月戊辰"至"馮跋攻班，殺之"：中華本校勘記："九月丙戌朔，無戊辰。《通鑑》一一五繫此事於十月。'殺'，各本作'弒'，誤，今據殿本及《建康實録》一〇改。"

[10]魏清河王紹：拓跋紹，字受洛拔，北魏道武帝拓跋珪子，封清河王。發動政變，殺道武帝，欲自立，後被殺。

六年春二月丁亥，劉裕攻慕容超，克之，齊地悉平。是月，廣州刺史盧循反，寇江州。三月，禿髮傉檀及沮渠蒙遜戰于窮泉，傉檀敗績。壬申，鎮南將軍、江州刺史何無忌及循戰于豫章，[1]王師敗績，無忌死之。夏四月，青州刺史諸葛長民、兖州刺史劉藩、并州刺史劉道憐乃入衛京師。[2]五月丙子，大風，拔木。[3]戊子，衛將軍劉毅及盧循戰于桑落洲，[4]王師敗績。尚書左僕射孟昶懼，自殺。己未，大赦。乙丑，循至淮口，内外戒嚴。大司馬、琅邪王德文都督宫城諸軍事，次中堂皇；[5]太尉劉裕次石頭；梁王珍之屯南掖門；[6]冠軍將軍劉敬宣屯北郊；輔國將軍孟懷玉屯南岸；[7]建武將軍王仲德屯越城；[8]廣武將軍劉懷默屯建陽門。[9]淮口築柤浦、藥園、廷尉三壘以距之。丙寅，震太廟鴟尾。[10]秋七月庚申，盧循遁走。甲子，使輔國將軍王仲德、廣川太守劉鍾、河間内史蒯恩等帥衆追之。[11]是月，盧循寇荆州，刺史劉道規、雍州刺史魯宗之等敗之。又破徐道覆于華容，[12]賊復走尋陽。八月，姚興將桓謙寇江陵，[13]劉道規敗之。冬十一月，蜀賊譙縱陷巴東，[14]守將温祚、時延祖死之。十二月壬辰，劉裕破盧循于豫章。

[1]豫章：郡名，治所在南昌縣（今江西省南昌市）。

[2]諸葛長民：本書卷八五有傳。　劉藩：東晋人，歷任兖州刺史、右將軍，隨劉裕征討，後被劉裕所殺。中華本校勘記："《天文志》下作'劉蕃'。"　并州：此爲東晋僑置州，疑在揚州、高郵、泰州一帶。（詳見胡阿祥《東晋南朝僑州郡縣與僑流人口研究》，第210頁）　劉道憐：晋宋彭城人，劉裕之弟，東晋時國子學生，隨劉裕起兵，歷任員外散騎侍郎、建威將軍、南彭城内史、龍驤將軍、都督兖青二州晋陵京口淮南諸郡軍事、兖青州刺史、并州刺史、北徐州刺史等職。劉宋建立後封長沙王，死後謚曰景。

[3]五月丙子，大風，拔木：中華本校勘記："丙子依日序當在下'己未''乙丑'之下。《五行志》下、《宋書·五行志》五皆云'五月壬申大風，拔北郊樹'，'甲戌又風，發屋折木'，疑《紀》日干有誤。"

[4]"戊子"至"桑落洲"：中華本校勘記："五月壬子朔，無戊子，《通鑑》一一五作'戊午'，以下文'己未''乙丑'日序推之，作'戊午'者是。"

[5]中堂皇：原本、宋本、殿本作"中堂皇"，中華本作"中皇堂"。

[6]梁王珍之：司馬瑲之孫，桓玄篡位，奔於壽陽，義熙初乃歸。累遷左衛將軍、太常卿。劉裕伐姚泓，請爲諮議參軍，爲裕所害，國除。　南掖門：《景定建康志》卷二〇《城闕志·今城郭》

引《建康實録》注：宫城“南面二門，正中曰大司馬門，世所謂章門，拜章者伏於此門待報。南對宣陽門，相去二里，夾道開御溝，植槐柳，世或名爲闕門。近東曰閶闔門，後改爲南掖門”。

［7］孟懷玉：平昌安丘（今山東省安丘市西南）人。隨劉裕東伐孫恩，爲建武司馬。從平京城，進定京邑。以功封鄱陽縣侯，食邑千户。劉裕鎮京口，以懷玉爲鎮軍參軍、下邳太守。盧循逼京邑，懷玉於石頭岸連戰有功，爲中軍諮議參軍。死後追贈平南將軍。

［8］越城：位於今江蘇省南京市城區南部。

［9］廣武將軍：官名，曹魏、西晋皆置。於名號將軍中地位較高。四品。　劉懷默：劉懷慎弟，歷任冠軍將軍、江夏内史、太中大夫等職。　建陽門：《景定建康志》卷二十《城闕志·今城郭》載：宫城“正東曰建春門，後改爲建陽門”。

［10］丙寅，震太廟鴟尾：中華本校勘記：“上年書‘夏六月丙寅震于太廟’，疑此爲一事之誤重，《宋書·五行志》四在五年可證。”

［11］廣川：東晋僑置郡，治所在廣川縣（今江蘇省南京市）。　河間：東晋僑置郡，在山東省壽光市、廣饒縣一帶。（參見胡阿祥《東晋南朝僑州郡縣與僑流人口研究》，第205頁）　蒯恩：字道恩，蘭陵承（今山東省棗莊市嶧城區）人。隨劉裕破孫恩，定京邑，以寧遠將軍領幢。隨振武將軍劉道規西討，平江陵。每有危急，輒率先諸將，常陷堅破陣，不避艱險。凡百餘戰，身被重創。劉裕録其前後功勞，遷諮議參軍，轉輔國將軍、淮陵太守，封新寧縣男。

［12］華容：縣名，治所在今湖北省潛江市南。

［13］姚興將桓謙：中華本校勘記：“《校文》：《桓玄傳》《宋武紀》桓謙爲譙縱將。”

［14］巴東：郡名，東漢建安六年（201）以固陵郡改名，治所在魚復縣（今重慶市奉節縣東）。

七年春二月壬午，右將軍劉藩斬徐道覆于始興，傳首京師。夏四月，盧循走交州，[1]刺史杜慧度斬之。秋七月丁卯，以荊州刺史劉道規爲征西大將軍、開府儀同三司。[2]冬十月，沮渠蒙遜伐涼，涼武昭王玄盛與戰，敗之。

[1]交州：又稱交阯，公元前2世紀初南越王趙佗置，後屬西漢。東漢改爲交州，治所在番禺縣（今廣東省廣州市）。三國時移治龍編縣（今越南社會主義共和國河北省仙游縣東）。

[2]征西大將軍：官名，屬將軍名號，多授予統兵出鎮在外，都督數州諸軍事者。位在征西將軍之上。二品，開府位從公者一品。

八年春二月丙子，以吴興太守孔靖爲尚書右僕射。三月甲寅，山陰地陷四尺，[1]有聲如雷。夏五月，乞伏公府弑乞伏乾歸，乾歸子熾盤誅公府，[2]僭即僞位。六月，以平北將軍魯宗之爲鎮北將軍。秋七月甲午，武陵王季度薨。庚子，[3]征西大將軍劉道規卒。八月，皇后王氏崩。辛亥，高密王純之薨。[4]九月癸酉，葬僖皇后于休平陵。己卯，太尉劉裕害右將軍兖州刺史劉藩、尚書左僕射謝混。[5]庚辰，裕矯詔曰："劉毅包藏禍心，構逆南夏，藩、混助亂，志肆奸宄。賴宰輔玄鑒，[6]撫機挫鋭，凶黨即戮，社稷乂安。夫好生之德，所因者本，肆眚覃仁，[7]實資玄澤。况事興大憝，禍自元凶。其大赦天下，唯劉毅不在其例。普增文武位一等。孝順忠義，隱滯遺逸，必令聞達。"己丑，劉裕帥師討毅。裕參軍王鎮惡陷江陵城，[8]毅自殺。冬十一月，沮渠蒙遜僭號河西王。十二月，以西陵太守朱齡石爲建威將軍、[9]益州刺史，帥師伐蜀，分荆州十郡置湘州。是歲，廬陵、南康地四震。

［1］山陰：縣名，治所在今浙江省紹興市。

［2］熾盤：中華本校勘記："熾盤，宜依《熾磐載記》作'熾磐'。下同。"

［3］庚子：中華本校勘記："七月己巳朔，無庚子。《通鑑》一一六作'閏月'，《建康實録》一〇作'八月'，俱有庚子，未知孰是。"

［4］高密王純之：恭王司馬俊子，歷任臨川内史、司農少府卿、太宰右長史等職。

［5］謝混：字叔源，本書卷七九有傳。

［6］賴宰輔玄鑒：宰，殿本作"寧"。

［7］肆眚覃仁：寬赦罪犯，廣施仁德。覃，遍及，廣施。

［8］王鎮惡：東晋北海劇縣（今山東省昌樂縣西）人，王猛孫，隨劉裕伐南燕、討劉毅、滅後秦，以征虜將軍領安西司馬、馮翊太守，戍守關中。後被沈田子所殺。

［9］西陵太守朱齡石：西陵，中華本校勘記："周校：'西陵'《譙縱傳》作'西陽'。按《宋書·朱齡石傳》、《建康實録》一〇及《通鑑》一一六俱作'西陽'。"朱齡石，東晋沛郡沛縣（今江蘇省沛縣）人，字伯兒。初爲殿中將軍，曾追隨桓脩兄弟，爲脩撫軍參軍，在京口。劉裕克建康，以爲建武參軍。從征南燕，討盧循，率軍征蜀。任太尉諮議參軍，加冠軍將軍、左將軍。

九年春三月丙寅，劉裕害前將軍諸葛長民及其弟輔國大將軍黎民、從弟寧朔將軍秀之。[1]戊寅，[2]加劉裕鎮西將軍、豫州刺史。[3]林邑范胡達寇九真，交州刺史杜慧度斬之。夏四月壬戌，罷臨沂、湖熟皇后脂澤田四十頃，[4]以賜貧人，弛湖池之禁。封鎮北將軍魯宗之爲南陽郡公。秋七月，朱齡石克成都，斬譙縱，益州平。九月，封劉裕次子義真爲桂楊公。[5]冬十二月，安平王球之薨。[6]是歲，高句麗、倭國及西南夷銅頭大師並獻方物。[7]

[1]輔國大將軍：官名，高級統帥。禄與特進同，二品。若開府則位與公同，進爲一品。

[2]戊寅："戊寅"上原本、宋本、殿本有"三月"二字，複出，據中華本校勘記删。

[3]鎮西將軍：官名，與鎮東、鎮南、鎮北將軍合稱四鎮將軍。多爲持節都督，出鎮方面。曹魏二品。晉改三品，加持節都督者二品。

[4]臨沂：縣名，東晋僑置於今江蘇省南京市栖霞區。　湖熟：縣名，治所在今江蘇省南京市江寧區湖熟街道。　脂澤田：收益用作妝飾費用的田産。

[5]義真：劉義真，劉裕第二子，關中平定後，任雍州刺史。劉宋建立後，封廬陵王。

[6]安平王球之薨：中華本校勘記："上年云'武陵王季度薨'，球之爲季度子，作'安平王'誤，《元四王傳》並可證。"

[7]高句麗：古國名，亦作句麗、高麗。都城丸都（今吉林省集安市），後遷都今朝鮮民主主義人民共和國平壤市。　倭國：本書卷九七有傳。

十年春三月戊寅，地震。夏六月，乞伏熾盤帥師伐秃髮傉檀，滅之。秋七月，淮北大風，壞廬舍。九月丁巳朔，日有蝕之。林邑遣使來獻方物。是歲，城東府。

十一年春正月，荆州刺史司馬休之、雍州刺史魯宗之並舉兵貳於劉裕，裕帥師討之。庚午，大赦。丁丑，以吏部尚書謝裕爲尚書左僕射。二月丁未，姚興死，子泓嗣僞位。[1]三月辛巳，淮陵王藴薨。壬午，劉裕及休之戰於江津，休之敗，奔襄陽。夏四月乙卯，青、冀二州刺史劉敬宣爲其參軍司馬道賜所害。[2]五月甲申，彗星二見。甲午，休之、宗之出奔于姚泓。[3]論平蜀功，封劉裕子義隆彭城公，[4]朱齡石豐城公。[5]己酉，霍山崩，[6]出銅鍾六枚。秋七月丙戌，京師大水，壞太廟。辛亥晦，日有蝕之。八月丁未，[7]尚書左僕射謝裕卒，以尚書右僕射劉穆之爲尚書左僕射。[8]九月己亥，大赦。

[1]姚興死，子泓嗣僞位：中華本校勘記："姚興實死于下年，紀誤提前一年，説詳《通鑑考異》。《宋書》及《南史》之《武帝紀》亦可證。"泓，姚泓，字元子，本書卷一一九有載記。

[2]參軍：官名，亦作參軍事，謂參謀軍事。兩晋公府、軍府皆置。

[3]休之、宗之出奔姚泓：中華本校勘記："校文：載記二人出奔皆在姚興時，《休之傳》亦云。然今謂奔於姚泓，蓋《紀》誤以興死於是年二月，故休之等以五月出奔，遂屬於泓耳。實則興死在十二年，非是年。"

[4]劉裕子義隆：劉義隆，小字車兒，劉裕第三子。晋末封彭城縣公，官至荆州刺史。劉宋建立後，封宜都王。景平二年(424)，少帝廢，即位爲帝，是爲宋文帝。

[5]豐城公：豐，原本、宋本作"豊"，殿本作"豐"，據殿

本改。

[6]霍山：即今安徽省霍山縣南天柱山。

[7]八月丁未：中華本校勘記："八月壬子朔，無丁未。"

[8]劉穆之：字道和，小字道民，東莞莒（今山東省莒縣）人，東晋末隨劉裕起兵，從征南燕、平盧循，官至尚書僕射，領監軍、中軍二府軍司，内總朝政，外供軍旅。

十二年春正月，姚泓使其將魯軌寇襄陽，雍州刺史趙倫之擊走之。二月，加劉裕中外大都督。[1]夏六月，赫連勃勃攻姚泓秦州，陷之。己酉，新除尚書令、都鄉亭侯劉柳卒。[2]秋八月，劉裕及琅邪王德文帥衆伐姚泓。丙午，大赦。冬十月丙寅，姚泓將姚光以洛陽降。[3]己丑，[4]遣兼司空、高密王恢之修謁五陵。

[1]中外大都督：官名，指揮全國軍隊，地位極高。

[2]劉柳卒：卒，原本、宋本作"辛"，殿本作"卒"，據殿本改。

[3]姚光：中華本校勘記："《斠注》：《姚泓載記》'光'作'洸'。按：《宋書·武帝紀》中、《魏書·姚萇傳》、《通鑑》一一七並作'洸'。"

[4]己丑：是年十月乙巳朔，月内無己丑。牛繼清先生懷疑"己丑"爲"己巳"之訛，己巳二十五日，"丑""巳"形近。（參見牛繼清《〈晋書〉時誤補校舉例》，《固原師專學報》1997年第4期）

十三年春正月甲戌朔，日有蝕之。二月，凉武昭王李玄盛薨，世子士業嗣位爲凉州牧、凉公。三月，龍驤將軍王鎮惡大破姚泓將姚紹于潼關。[1]夏，劉裕敗魏將鵝青于河曲，[2]斬青裨將阿薄干。是月，涼公李士業大敗沮渠蒙遜于鮮支澗。[3]五月，[4]劉裕克潼關。丁亥，會稽王脩之薨。六月癸亥，林邑獻馴象、白鸚鵡。秋七月，劉裕克長安，執姚泓，收其彝器，[5]歸諸京師。南海賊徐道期陷廣州，始興相劉謙之討平之。冬十一月辛未，[6]左僕射、前將軍劉穆之卒。

[1]潼關：位於今陜西省潼關縣東北黄河南岸潼關。

[2]鵝青：中華本校勘記："《斠注》：《魏書·司馬叡傳》作'娥親'，《廣韵》七歌：'娥，又姓'，《本紀》作'鵝'誤。按：《魏書·太宗紀》《劉裕傳》、《通鑑》一一八亦作'娥清'。"

[3]李士業：即李歆，字士業，本書卷八七有傳。　鮮支澗：中華本校勘記："《蒙遜載記》、《通鑑》一一八作'解支澗'。"

[4]五月："五月"上原本、宋本、殿本有"夏"字，複出，據中華本校勘記删。

[5]收：原本、宋本作"攻"，殿本作"收"，據殿本改。　彝器：青銅祭祀器具總稱。

[6]十一月：一，原本、宋本作"二"，殿本作"一"，據殿本改。

十四年春正月辛巳，[1]大赦。青州刺史沈田子害龍驤將軍王鎮惡于長安。[2]夏六月，劉裕爲相國，進封宋公。冬十月，以涼公士業爲鎮西將軍，封酒泉公。十一月，赫連勃勃大敗王師于青泥北。[3]雍州刺史朱齡石焚長安宫殿，奔于潼關。尋又大潰，齡石死之。十二月戊寅，帝崩于東堂，時年三十七。葬休平陵。

[1]正月辛巳：中華本校勘記：“正月丁酉朔，無辛巳。”

[2]沈田子：字敬光，隨劉裕克建康，任參鎮軍軍事，封營道縣五等侯。義熙五年（409），隨劉裕北伐南燕，領偏師爲前鋒，破慕容超大軍。盧循逼京邑，沈田子由海道襲廣州，以功加振武將軍。又從劉裕討劉毅、司馬休之，征後秦。官至振武將軍、扶風太守。後被劉義真所殺。

[3]青泥：青泥城，位於今陝西省西安市藍田縣南七里。

帝不惠，自少及長，口不能言，雖寒暑之變，無以辯也。[1]凡所動止，皆非己出。故桓玄之篡，因此獲全。初讖云“昌明之後有二帝”，劉裕將爲禪代，故密使王韶之縊帝而立恭帝，以應二帝云。

[1]辯：殿本作“辨”。

恭帝

恭帝諱德文，字德文，安帝母弟也。初封琅邪王，歷中軍將軍、散騎常侍、衛將軍、開府儀同三司，[1]加侍中，領司徒、録尚書六條事。[2]元興初，遷車騎大將軍。[3]桓玄執政，進位太宰，加兖冕之服，緑綟綬。[4]玄篡位，以帝爲石陽縣公，與安帝俱居尋陽。及玄敗，隨至江陵。玄死，桓振奄至，躍馬奮戈，直至階下，瞋目謂安帝曰：“臣門户何負國家，而屠滅若是？”帝乃下床謂振曰：“此豈我兄弟意邪！”振乃下馬致拜。[5]振平，復爲琅邪王。又領徐州刺史，尋拜大司馬，領司徒，加殊禮。

［1］中軍將軍：官名，西晋時統左右衛、前後左右驍騎等宿衛七營禁軍，主管京師及朝廷警衛。泰始四年（268）罷，置北軍中候代其職。後爲將軍名號，與鎮軍將軍、撫軍將軍並爲三名號將軍，不統禁兵。三品。

［2］録尚書六條事：參録、分録尚書事。《宋書》卷三九《百官志上》："晋康帝世，何充讓録表曰：'咸康中，分置三録，王導録其一，荀崧、陸曄各録六條事。'然則似有二十四條，若止有十二條，則荀、陸各録六條，導又何所司乎？若導總録，荀、陸分掌，則不得復云導録其一也。其後每置二録，輒云各掌六條事，又是止有十二條也。十二條者，不知悉何條。晋江右有四録，則四人參録也。"

［3］車騎大將軍：官名，西晋置，位在車騎將軍之上，多授予元老重臣，以示尊崇。開府置僚屬，一般不領兵。二品，開府位從公者一品。

［4］緑綟綬：一种黑黄而近緑色的絲帶。古代丞相以上官吏用作印綬。《東觀漢記·百官表》："印綬：漢制，公侯紫綬，九卿青綬。建武元年，復設諸侯王金璽綟綬。"

［5］致拜：致，宋本作"政"。

義熙五年，[1]置左右長史、司馬、從事中郎四人，[2]加羽葆鼓吹。[3]

［1］五年：殿本作"二年"。

［2］左右長史：官名，司徒府置長史，分左、右，爲所在官署掾屬之長，領府中各曹。六品。　司馬：官名，此爲司徒府司馬。府署高級幕僚，掌參讚軍務、管理府内武職，位僅次於長史。六品。　從事中郎：官名，東漢時爲大將軍屬官，地位較高。三國時爲將軍府或公府屬官。六品。此爲司徒府屬官。

[3]羽葆：帝王儀仗中以鳥羽聯綴爲飾的華蓋。　鼓吹：帝王及高級官員儀仗中的樂隊，由管樂和打擊樂器組成，常用來賜予有軍功的高級武官。

十二年，詔曰："大司馬明德懋親，[1]太尉道勛光大，並徽序彝倫，[2]燮和二氣，[3]髦俊引領，[4]思佐鼎飪，[5]而雅尚冲挹，[6]四門弗闢，誠合大雅謙虚之道，實違急賢贊世之務。昔蒲輪載徵，[7]異人並出，東平開府，奇士嚮臻，濟濟之盛，朕有欽焉。可敕二府，依舊辟召，必將明敭俊乂，[8]嗣軌前賢矣。"於是始辟召掾屬。[9]時太尉裕都督中外諸軍，詔曰："大司馬地隆任重，親賢莫貳。雖府受節度，可身無致敬。"劉裕之北征也，帝上疏，請帥所莅，啓行戎路，修敬山陵。朝廷從之，乃與裕俱發。及有司以即戎不得奉辭陵廟，[10]帝復上疏曰："臣推轂閫外，[11]將革寒暑，不獲展情埏隧，[12]私心罔極。伏願天慈，特垂聽許，使臣微誠粗申，即路無恨。"許之。及姚泓滅，歸于京都。

[1]明德懋親：美德大愛。

[2]徽序彝倫：完美的表率。

[3]燮和二氣：諧和陰陽二氣。

[4]髦俊：才智傑出之士。

[5]思佐鼎飪：一心想着治理國政。

[6]雅尚冲挹：風雅高尚、謙虚禮讓。

[7]蒲輪載徵：以優厚的禮遇征召人才。蒲輪，蒲草裹輪的車子，以減輕車輪的震動。古時常用於迎接賢士，以示禮敬。

[8]明敭俊乂：選拔優秀人才。

[9]辟召掾屬：征召任命屬官。

[10]即戎：身在軍中。

[11]推轂：古代帝王任命將帥時的隆重禮儀。　閫外：朝廷之外。

[12]展情埏隧：在墓道中展現孝敬之情。埏隧，墓道。

十四年十二月戊寅，安帝崩。劉裕矯稱遺詔曰："唯我有晋，誕膺明命，業隆九有，[1]光宅四海。朕以不德，屬當多難，幸賴宰輔，拯厥顛覆。仍恃保祐，克黜禍亂，遂冕旒辰極，[2]混一六合。[3]方憑阿衡，惟新洪業，[4]而遘疾大漸，將遂弗興。仰惟祖宗靈命，親賢是荷。咨爾大司馬、琅邪王，體自先皇，明德光懋，屬惟儲貳，衆望攸集。其居臨晋邦，[5]奉係宗祀，允執其中，燮和天下。闡揚末誥，無廢我高祖之景命。"是日，即帝位，大赦。

[1]九有：九州。

[2]冕旒辰極：戴上皇冠，衆臣擁戴如星拱北斗。辰極，北斗。

[3]六合：天地四方，即天下。

[4]惟新洪業：惟，殿本作"維"。

[5]居臨晋邦：居，殿本作"君"。

元熙元年春正月壬辰朔，改元。以山陵未厝，不朝會。立皇后褚氏。[1]甲午，徵劉裕還朝。戊戌，有星孛于太微西藩。庚申，葬安皇帝于休平陵。帝受朝，懸而不樂。以驃騎將軍劉道憐爲司空。秋八月，劉裕移鎮壽陽。[2]以劉懷慎爲前將軍、北徐州刺史，[3]鎮彭城。九月，劉裕自解揚州。冬十月乙酉，裕以其子桂陽公義真爲揚州刺史。十一月丁亥朔，日有蝕之。十二月辛卯，[4]裕加殊禮。己卯，太史奏，[5]黑龍四見于東方。

[1]皇后褚氏：名靈媛，本書卷三二有傳。

[2]壽陽：縣名，治所在今安徽省壽縣東南。

[3]劉懷慎：彭城（今江蘇省徐州市）人，左將軍劉懷肅弟。始參劉裕鎮軍將軍事，振威將軍、彭城内史。從劉裕征南燕、平盧循，每戰必身先士卒。任監北徐州諸軍事，鎮彭城。歷任徐州刺史、北中郎將、中領軍、征虜將軍。劉宋建立後，進爵爲侯，進號平北將軍。死後追贈撫軍，謚曰肅侯。　北徐州：治所在彭城縣（今江蘇省徐州市）。

[4]十二月辛卯：中華本校勘記：“十二月丁巳朔，無辛卯。”

[5]太史：官名，即太史令，屬太常。掌天時、星曆、歲終奏新年曆。記録瑞應、灾異等。七品。

二年夏六月壬戌，劉裕至于京師。傅亮承裕密旨，[1]諷帝禪位，草詔，請帝書之。帝欣然謂左右曰：“晋氏久已失之，今復何恨。”乃書赤紙爲詔。甲子，遂遜于琅邪第。劉裕以帝爲零陵王，居于秣陵，[2]行晋正朔，[3]車旗服色一如其舊，有其文而不備其禮。帝自是之後，深慮禍機，褚后常在帝側，飲食所資，皆出褚后，故宋人莫得伺其隙。宋永初二年九月丁丑，[4]裕使后兄叔度請后；有間，兵人逾垣而入，弑帝于内房。時年三十六。謚恭皇帝，葬冲平陵。

[1]傅亮：字季友，北地靈州（今寧夏回族自治區靈武市西

南）人，傳咸玄孫。從劉裕滅後秦。劉宋建立後，任中書監、尚書令、散騎常侍、左光禄大夫。後被宋文帝所殺。

[2]秣陵：縣名，治所在今江蘇省南京市。

[3]正朔：謂帝王新頒的曆法。古代帝王易姓受命，必改正朔。

[4]九月丁丑：中華本校勘記："九月丙午朔，無丁丑。"

帝幼時性頗忍急，及在藩國，曾令善射者射馬爲戲。既而有人云："馬者國姓，而自殺之，不祥之甚。"帝亦悟，甚悔之。其後復深信浮屠道，[1]鑄貨千萬，造丈六金像，親於瓦官寺迎之，[2]步從十許里。安帝既不惠，帝每侍左右，消息温凉寢食之節，以恭謹聞，時人稱焉。

[1]浮屠道：即佛教。

[2]瓦官寺：江南佛寺，位於今江蘇省南京市城區西南部。

始，元帝以丁丑歲稱晋王，置宗廟，使郭璞筮之，[1]云"享二百年"。自丁丑至禪代之歲，年在庚申，爲一百四歲。然丁丑始係西晋，庚申終入宋年，所餘惟一百有二歲耳。璞蓋以百二之期促，[2]故婉而倒之爲二百也。

[1]郭璞：字景純，本書卷七二有傳。

[2]百二之期：一百零二年的時間。

史臣曰：安帝即位之辰，鍾無妄之日，[1]道子、元顯並傾朝政，主昏臣亂，未有不如斯亡者也。[2]雖有手握戎麾，心存舊國，迴首無良，忽焉蕭散。於是桓玄乘釁，勢逾飆指，[3]六師咸泯，隻馬徂遷。[4]是以宋高非典午之臣，[5]孫恩豈金行之寇。[6]若乃世遇顛覆，則恭皇斯甚。於越之民，詎燻丹穴，[7]會稽之侣，寧嘆入臣。[8]去皇屋而歸來，[9]灑丹書而不恨。[10]夫五運攸革，[11]三微數盡，[12]猶高秋彫候，理之自然。觀其摇落，人有爲之流漣者也。

[1]鍾無妄之日：遭逢灾禍變亂之日。

[2]未有不如斯亡者也：未，宋本作“夫”。

[3]勢逾飆指：勢頭似狂風。

[4]隻馬徂遷：人馬消逝。

[5]宋高非典午之臣：劉裕不是晋臣。宋高指宋高祖劉裕。典午，司馬，指晋朝。

[6]金行之寇：晋朝的盗寇。金行，指晋朝，因晋朝以五德中的“金德”得王天下，故稱。

[7]詎燻丹穴：不是由於火熏山洞而使他們出來。

[8]寧嘆入臣：怎麽能説他們是歸順稱臣呢！

[9]去皇屋而歸來：離開皇位而回到原位。

[10]灑丹書而不恨：簽署禪位詔書而不遺憾。

[11]五運攸革：金木水火土五種氣運相繼興替。

[12]三微數盡：三正的氣數已盡。

贊曰：安承流湎，大盗斯張。恭乃寓命，他人是綱。猶存周赧，[1]始立懷王。[2]虚尊假號，異術同亡。

[1]周赧：周赧王，在位時值戰國，依附西周武公，處列强之

間，深受兼併之害。

［2］立：宋本作“亡”。　懷王：楚懷王之孫熊心，楚亡後藏匿民籍。秦末被項梁等人擁立爲懷王，以爲號召。秦亡後項羽密令殺之。

晋書　卷一一

志第一

天文上[1]

天體　儀象　天文經星　中宮　二十八舍
二十八宿外星　天漢起没　十二次度數　州郡躔次[2]

昔在庖犧，觀象察法，[3]以通神明之德，以類天地之情，可以藏往知來，開物成務。[4]故《易》曰："天垂象，見吉凶，聖人象之。"此則觀乎天文以示變者也。《尚書》曰："天聰明自我人聰明。"[5]此則觀乎人文以成化者也。是故政教兆於人理，祥變應乎天文，得失雖微，罔不昭著。然則三皇邁德，七曜順軌，日月無薄蝕之變，星辰靡錯亂之妖。黄帝創受《河圖》，始明休咎，故其《星傳》尚有存焉。降在高陽，乃命南正重司天，北正黎司地。爰洎帝嚳，亦式序三辰。唐虞則羲和繼軌，有夏則昆吾紹德。年代綿邈，文籍靡傳。至於殷之巫咸，周之史佚，格言遺記，於今不朽。其諸侯之史，則魯有梓慎，晋有卜偃，鄭有裨竈，宋有子韋，齊有甘德，楚有唐昧，趙有尹皋，魏有石申夫，皆掌著天文，[6]各論圖驗。[7]其巫咸、甘、石之説，後代所宗。暴秦燔書，《六經》殘滅，天官星占，存而不毁。及漢景武之際，司馬談父子繼爲史官，著《天官書》，以明天人之道。其後中壘校尉劉向，廣《洪範》灾條，[8]作《皇極論》，以參往之行事。及班固叙漢史，馬續述《天文》，[9]而蔡邕、譙周各有撰録，司馬彪采之，以繼前志。今詳衆説，以著於篇。

[1]《晋書·天文志》與《隋書·天文志》均爲李淳風所作。李淳風，唐代岐州雍（今陜西省鳳翔縣）人，祖籍太原（今山西省太原市）。撰寫此志時，當其公元641年任太常博士後不久。

《晋書·天文志》寫作在先，《隋書·天文志》在後，二者天文經部分幾乎完全一致，僅《隋書·天文志》個别星官下在占語上作少許補充，而在文字上没有任何改動。其他如儀象、史傳事驗、凌犯、星變等，由於所針對的時代不同，故具體内容也不同。本篇所載“州郡躔次”，《隋書·天文志》不載。

《明史·天文志》開卷説：“論者謂《天文志》，首推晋、隋。”可見李淳風所撰《晋書·天文志》在歷代《天文志》中，是首屈一指的。自司馬遷作《史記·天官書》，載天文星官、五星凌犯及天文星占諸事，實開歷代正史《天文志》之先河。《漢書·天文志》和《後漢書·天文志》無甚創新，至《晋書·天文志》爲之一變。其上卷載天體、儀象、二十八宿及其以外的全天星座、十二次、天文地理分野；中卷載七曜在星占上的特性，雜星和雲氣占法、史傳事驗（包括天變、日蝕、月變、月奄犯五緯和五星聚舍）；下卷載月、五星犯列舍、妖星、客星、星流隕、雲氣占事等。即除包括《史記》《漢書》《後漢書》的《天文志》傳統内容外還增加了天體理論、儀象、蓋圖、地中、晷影、漏刻等天文理論和觀測内容，還包括儀器和晷漏，這就大大加强了它的科學内容和涉及的範圍，對天文學的發展起到直接的促進作用。必須指出，在李淳風撰寫《晋書·天文志》以前，沈約所著的《宋書·天文志》，其中已載有論天三家學派及天文觀測儀器内容，雖然比晋志簡略，天文學水平也低於晋志一些，但無疑地，晋志是在宋志内容啓發下完成的。

《晋書·天文志》不但詳細記載了中國上古時代蓋天説、渾天説和宣夜説三個主要論天學派的觀點、代表作及其主要發展歷史，而且也簡要地介紹了魏晋時形成的虞喜安天論、虞聳穹天論、姚信昕天論三家次要的學説。將中國上古衆多的宇宙學派的觀點記載下來，得以流傳和發展，這對於研究中國古代宇宙理論的發展歷史是有重要意義的。在晋志對儀象的記載中，介紹了自落下閎、鮮于妄人、耿壽昌以來渾儀的發展過程，同時又介紹了張衡、陸績、王蕃對於渾天的觀點和他們所製作的渾象。這是關於中國上古天文儀器製造方面少見的重要文獻。

《晋書·天文志》所載全天星座，從體例上來説，與《史記·天官書》無多大出入，但其星數、星官數却有很大增加。《晋書·天文志》據“太史令陳卓總甘、石、巫咸三家所著星圖，大凡二百八十三官，一千四百六十四星，以爲定紀”。即晋志是據陳卓整理後的星座數。其所載星官的星數和範圍，比《史記·天官書》要詳細得多。

[2]原本卷首目録無“中宫”，據原本正文小標題補；“二十八宿外星”，原本卷首目録作“二十八宿外星”，正文小標題作“星官在二十八宿之外者”。

[3]觀象察法：觀看天象的變化，用以總結出法則。

[4]開物成務：語出《易·繫辭上》。開物，根據人類生活的需要，從自然資源中開發出各種有用之物。成務，成爲目的和

任務。

［5］天聰明自我人聰明：人，殿本作“民”。

［6］掌著天文：文，殿本作“人”。

［7］圖驗：圖讖和應驗。

［8］《洪範》：《尚書·周書》篇名。洪，原本、宋本作“鴻”，殿本作“洪”，據殿本改。

［9］馬續：原本、宋本作“馬遷續”，殿本作“馬遷續”據中華本刪衍字“遷”。

天體

古言天者有三家：一曰蓋天，二曰宣夜，三曰渾天。漢靈帝時，蔡邕於朔方上書，言：“宣夜之學，絶無師法。《周髀》術數具存，考驗天狀，多所違失。惟渾天近得其情，今史官候臺所用銅儀則其法也。立八尺員體，而具天地之形，以正黄道，占察發斂，以行日月，以步五緯，精微深妙，百代不易之道也。官有其器而無本書，前志亦闕。”

蔡邕所謂《周髀》者，即蓋天之説也。其本庖犧氏立周天歷度，其所傳則周公受於殷高，周人志之，故曰《周髀》。髀，[1]股也；股者，表也。其言天似蓋笠，地法覆盤，天地各中高外下。北極之下爲天地之中，其地最高，而滂沲四隤，三光隱映，以爲晝夜。天中高於外衡冬至日之所在六萬里。北極下地高於外衡下地亦六萬里，外衡高於北極下地二萬里。天地隆高相從，日去地恒八萬里。[2]日麗天而平轉，分冬夏之間日所行道爲七衡六間。[3]每衡周徑里數，[4]各依算術，用句股重差推晷影極游，以爲遠近之數，皆得於表股者也。故曰《周髀》。

［1］髀（bì）：大腿骨。《周髀算經》卷上："周髀長八尺，夏至之日，晷一尺六寸。髀者，股也，正晷者，勾也。"這里晷當作晷影解，是説：在夏至之日正午，立一八尺之髀，那麽，所得投在地上的日影長一尺六寸。影長稱之爲勾，髀長稱之爲股。原來，中國古代直角三角形三條邊的各邊名稱，是由此轉化而來的。至於大腿骨之長怎麽能有八尺，我們現今就説不明白了。男子身長相當於周時八尺，大概以人的大腿之長象徵或比喻人之高。又《禮記·祭統》："凡爲俎者，以骨爲主，骨有貴賤，殷人貴髀，周人貴肩。"由於殷人祭祀用的禮器以大腿骨爲貴，就有可能意味着古人祭祀禮器貴髀正是出於以髀冬至測日影以定時節的原因。

［2］以上關於天地形狀的描述，在中國天文學史上，通常稱之爲"第二蓋天説"。它的構造模型是：天像一頂笠帽，地像一個倒扣着的盤子。天上北極，比冬至日道高六萬里，極下的地面，也比冬至日道下的地面高六萬里。所以，冬至日道，比極下地面還要高

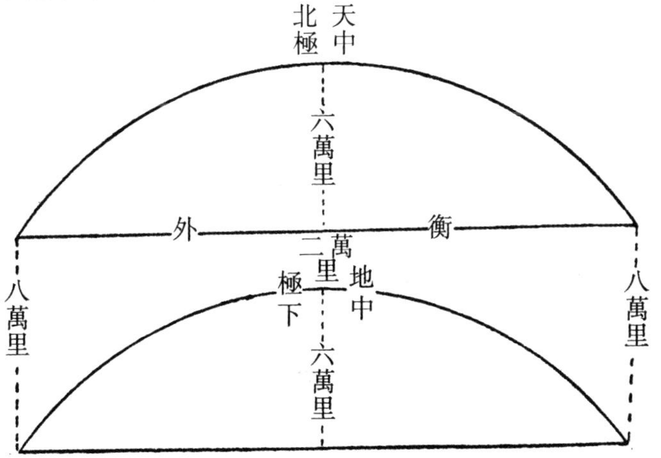

圖1　"第二蓋天説"構造模型

出二萬里。天與地，都成相同的曲面，在不同地域，天地相距均爲八萬里。(參見圖 1)

［3］“日麗天而平轉”句：這是天圓如張蓋、地方如棋局的第一蓋天説。圖 2 爲《四部從刊》所載七衡六間圖。就七衡六間來説，第一衡即圖的最内衡，是夏至的日道，太陽出没在東井宿；第二衡是小滿、大暑的日道；第三衡是穀雨、處暑的日道；第四衡即中衡，相當於春、秋二分的日道，太陽春分出没在婁宿，秋分出没在角宿；第五衡是雨水、霜降的日道；第六衡是大寒、小雪的日道；第七衡即最外衡，相當於冬至的日道，太陽出没在牛宿。每兩衡之間稱爲間，共得六間，分别爲十二節氣的日道。日所行道，原本、宋本作“日前行道”，殿本作“日所行道”，據殿本改。(參見圖 2)

七衡六間	二十四節氣
第一衡	↱夏至↴
第一間	芒種　小暑
第二衡	小滿　大暑
第二間	立夏　立秋
第三衡	穀雨　處暑
第三間	清明　白露
第四衡	春分　秋分
第四間	驚蟄　寒露
第五衡	雨水　霜降
第五間	立春　立冬
第六衡	大寒　小雪
第六間	小寒　大雪
第七衡	↰冬至↲

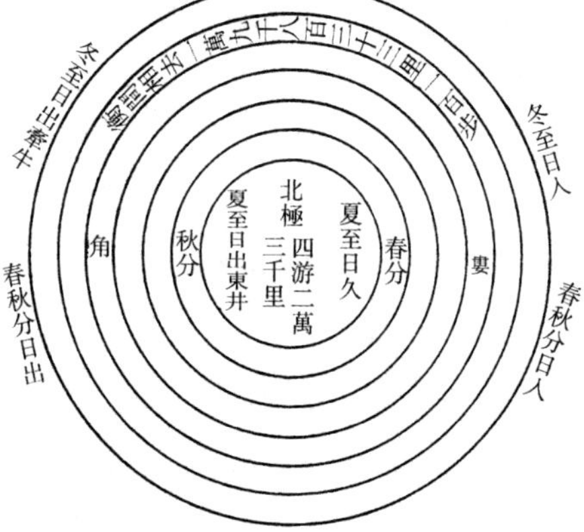

圖 2　“七衡六間”示意圖

［4］每衡周徑里數：徑，原本、宋本、殿本作“經”，據中華本改。

又《周髀》家云："天員如張蓋，地方如棋局。天旁轉如推磨而左行，日月右行，隨天左轉，故日月實東行，而天牽之以西没。譬之於蟻行磨石之上，磨左旋而蟻右去，磨疾而蟻遲，故不得不隨磨以左迴焉。天形南高而北下，日出高，故見；日入下，故不見。天之居如倚蓋，故極在人北，是其證也。極在天之中，而今在人北，所以知天之形如倚蓋也。日朝出陽中，暮入陰中，陰氣暗冥，故没不見也。夏時陽氣多，陰氣少，陽氣光明，與日同輝，故日出即見，無蔽之者，故夏日長也。冬天陰氣多，陽氣少，陰氣暗冥，掩日之光，雖出猶隱不見，故冬日短也。"[1]

[1]以上"《周髀》家云"就是第一蓋天説。其基本特點是認爲大地是平直的，又天旁轉如推磨，即日月星辰僅在地面以上作等距繞行，並不落入地下。

宣夜之書亡，[1]惟漢秘書郎郗萌記先師相傳云：[2]"天了無質，[3]仰而瞻之，高遠無極，眼瞀精絶，故蒼蒼然也。譬之旁望遠道之黄山而皆青，俯察千仞之深谷而窈黑，夫青非真色，而黑非有體也。日月衆星，自然浮生虚空之中，其行其止皆須氣焉。是以七曜或逝或住，或順或逆，伏見無常，進退不同，由乎無所根繫，故各异也。故辰極常居其所，而北斗不與衆星西没也。[4]攝提、填星皆東行，日行一度，月行十三度，遲疾任情，其無所繫著可知矣。若綴附天體，不得爾也。"

[1]亡：原本、宋本、殿本作“云”，據中華本校勘記改。

[2]郗萌：郗，原本、宋本作“郄”，殿本作“郗”，據殿本改。

[3]天了無質：這是宣夜説最基本的觀念，它是相對於天有實體而言的。宣夜認爲若星辰都是綴附在天體上，就不可能如文中描述的這麽自由了。並且氣是空的，填滿了整個宇宙空間，故曰天了無質。無質，即没有物質。

[4]不與衆星西没也：西，殿本作“同”。

成帝咸康中，會稽虞喜因宣夜之説作《安天論》，以爲“天高窮於無窮，地深測於不測。天確乎在上，有常安之形；地魄焉在下，有居静之體。當相覆冒，方則俱方，員則俱員，無方員不同之義也。其光耀布列，各自運行，猶江海之有潮汐，[1]萬品之有行藏也”。[2]葛洪聞而譏之曰：“苟辰宿不麗於天，天爲無用，便可言無，何必復云有之而不動乎？”[3]由此而談，稚川可謂知言之選也。

[1]潮汐：汐，原本、宋本作“液”，殿本作“汐”，據殿本改。

[2]“會稽虞喜”至“有行藏也”：《安天論》是闡發宣夜説的，故曰“因宣夜之説作《安天論》”。不同之處是，虞喜不同意天圓地方説，認爲“方則俱方，員則俱員，無方員不同之義”。

[3]苟辰宿不麗於天，天爲無用，便可言無：從葛洪譏諷之説可知，葛洪是贊成天空有實體的。

虞喜族祖河間相聳又立《穹天論》云：“天形穹隆

如鷄子，幕其際，周接四海之表，浮於元氣之上。譬如覆奩以抑水，而不没者，氣充其中故也。日繞辰極，没西而還東，不出入地中。天之有極，猶蓋之有斗也。天北下於地三十度，極之傾在地卯酉之北亦三十度，人在卯酉之南十餘萬里，故斗極之下不爲地中，當對天地卯酉之位耳。日行黄道繞極。極北去黄道百一十五度，南去黄道六十七度，二至之所舍以爲長短也。”[1]

[1]《穹天論》主張天形如鷄子，即王蕃、陸績等所主張的渾天説。天接四海之表，浮於元氣之上，日繞辰極東升西没，不出入地中。這是古人富於想象力的宇宙構造圖景。

吴太常姚信造《昕天論》云：“人爲靈蟲，形最似天。今人頤前侈臨胸，[1]而項不能覆背。近取諸身，故知天之體南低入地，北則偏高。又冬至極低，而天運近南，故日去人遠，而斗去人近，北天氣至，故冰寒也。夏至極起，而天運近北，故斗去人遠，[2]日去人近，南天氣至，故蒸熱也。極之高時，[3]日行地中淺，故夜短；天去地高，故晝長也。極之低時，日行地中深，故夜長；天去地下，[4]故晝短也。”[5]

[1]頤前侈臨胸：侈，原本、宋本、殿本作“多”，據中華本改。

[2]故：原本、宋本、殿本作“而”，據中華本校勘記改。

[3]高：原本、宋本、殿本作“立”，據中華本校勘記改。

[4]天去地下：原本、宋本、殿本“下”下衍“淺”字，據中

華本校勘記删。

［5］本段所説的天運，實際是指日的運行，即太陽在宇宙空間的位置移動。冬天，日運近南方，去人遠而寒；夏天，日運近北方，去人近而熱。其行文含義是清楚的，衹是用辭有些毛病。《昕天論》是渾天説的變種。

自虞喜、虞聳、姚信皆好奇徇異之説，非極數談天者也。[1]至於渾天理妙，學者多疑。[2]漢王仲任據蓋天之説，以駁渾儀云："舊説天轉從地下過。今掘地一丈輒有水，天何得從水中行乎？甚不然也。日隨天而轉，非入地。夫人目所望，不過十里，天地合矣；實非合也，遠使然耳。今視日入，非入也，亦遠耳。當日入西方之時，其下之人亦將謂之爲中也。四方之人，各以其近者爲出，遠者爲入矣。何以明之？今試使一人把大炬火，夜行於平地，[3]去人十里，火光滅矣；非滅也，遠使然耳。今日西轉不復見，是火滅之類也。日月不員也，望視之所以員者，去人遠也。夫日，火之精也；月，水之精也。水火在地不員，在天何故員？"故丹楊葛洪釋之曰：

《渾天儀注》云："天如鷄子，地如鷄中黄，孤居於天内，天大而地小。天表裏有水，天地各乘氣而立，載水而行。周天三百六十五度四分度之一，又中分之，則半覆地上，半繞地下，故二十八宿半見半隱，天轉如車轂之運也。"諸論天者雖多，然精於陰陽者少。[4]張平子、陸公紀之徒，咸以爲推步七曜之道，度曆象昏明之證候，[5]校以四八之氣，考以漏刻之分，占晷影之往來，求形驗於事情，莫密於渾象者也。

［1］非極數談天者：極，窮極；數，數理，精確。全句是説，以上諸家，並非是思考周密、無懈可擊的談天家。

［2］渾天理妙，學者多疑：本志作者是支持和贊成渾天説的，故言渾天理妙。學者多疑，是指當時有許多學者懷疑和反對渾天説，以下是記載歷史上有關渾天的争論和評議。

［3］夜行於平地：據中華本校勘記，除百衲本、金陵書局本、宋本、隋志、《論衡・説日》外，各本"夜"均下有"半"字。

［4］精於陰陽者少：原本、宋本、殿本無"少"字，據中華本校勘記補。

［5］度曆象昏明之證候：曆，原本作"歷"。歷與曆爲古今字，徑改。《天文志》以下"歷"須改"曆"處同，不再出注。

張平子既作銅渾天儀，於密室中以漏水轉之，令伺之者閉户而唱之。其伺之者以告靈臺之觀天者曰："璇璣所加，某星始見，某星已中，某星今没"，皆如合符也。崔子玉爲其碑銘曰："數術窮天地，制作侔造化，高才偉藝，與神合契。"蓋由於平子渾儀及地動儀之有驗故也。

若天果如渾者，則天之出入行於水中，爲的然矣。故《黄帝書》曰："天在地外，水在天外"，水浮天而載地者也。[1]又《易》曰："時乘六龍"，夫陽爻稱龍，龍者居水之物，以喻天。天，陽物也，又出入水中，與龍相似，故以龍比也。聖人仰觀俯察，審其如此，故《晋》卦坤下離上，以證日出於地也。又《明夷》之卦離下坤上，以證日入於地也。《需》卦乾下坎上，此亦天入水中之象也。天爲金，金水相生之物也。天出入水中，當有何損，而謂爲不可乎？[2]

[1]“天在地外，水在天外”，水浮天而載地：這是上古有關渾天説思想的一些補充。它認爲，天和地球，都是由水浮載着的，故決定了天在地外、水在天外的宇宙構造，以及日月星辰必然出入運行於水中。這種觀念在古代天文界一直流傳，影響很深，直到北宋張載和南宋朱熹時，纔從哲理上提出地在氣中的觀念，形成了新的變革。

[2]以上借助於《易》理來解釋天地在水中的哲學道理，其實祇是想象，並不符合科學道理。

故桓君山曰：“春分日出卯入酉，此乃人之卯酉。天之卯酉，常值斗極爲天中。今視之乃在北，不正在人上。而春秋分時，日出入乃在斗極之南。若如磨右轉，則北方道遠而南方道近，晝夜漏刻之數不應等也。”後奏事待報，坐西廊廡下，以寒故暴背。有頃，日光出去，不復暴背。君山乃告信蓋天者曰：“天若如推磨右轉而日西行者，[1]其光景當照此廊下稍而東耳，不當拔出去。拔出去是應渾天法也。渾爲天之真形，於是可知矣。”然則天出入水中，無復疑矣。

[1]推磨右轉：右，原本作“石”，宋本、殿本作“右”，據宋

本、殿本改。

又今視諸星出於東者，初但去地小許耳。漸而西行，先經人上，後遂西轉而下焉，不旁旋也。[1]其先在西之星，亦稍下而没，無北轉者。日之出入亦然。若謂天磨右轉者，日之出入亦然，[2]衆星日月宜隨天而迴，初在於東，次經於南，次到於西，次及於北，而復還於東，不應横過去也。今日出於東，冉冉轉上，及其入西，亦復漸漸稍下，都不繞邊北去。了了如此，王生必固謂爲不然者，疏矣。

[1]不旁旋也：不旋轉到南方。

[2]若謂天磨右轉者，日之出入亦然：右，原本作“石”，宋本、殿本作“右”，據宋本、殿本改。日之出入亦然，原本、宋本、殿本皆有，中華本校勘記：“《隋志》上無‘日之出入亦然’六字，疑此六字涉上文衍。”

今日徑千里，圍周三千里，中足以當小星之數十也。若日以轉遠之故，但當光曜不能復來照及人耳，宜猶望見其體，不應都失其所在也。日光既盛，其體又大於星多矣。今見極北之小星，而不見日之在北者，明其不北行也。若日以轉遠之故，不復可見，其比入之間，[1]應當稍小，而日方入之時乃更大，此非轉遠之徵也。王生以火炬喻日，吾亦將借子之矛以刺子之楯焉。把火之人去人轉遠，[2]其光轉微，而日月自出至入，不漸小也。王生以火喻之，謬矣。

[1]其比入之間：比，原本、宋本、殿本作“北”，據中華本校勘記改。

[2]把火之人：原本、宋本、殿本無“人”字，據中華本補。

又日之入西方，視之稍稍去，初尚有半，如橫破鏡之狀，須臾淪没矣。若如王生之言，日轉北去有半者，其北都没之頃，[1]宜先如竪破鏡之狀，不應如橫破鏡也。[2]如此言之，日入北方，[3]不亦孤孑乎？又月之光微，不及日遠矣。月盛之時，雖有重雲蔽之，不見月體，而夕猶朗然，是光猶從雲中而照外也。日若繞西及北者，其光故應如月在雲中之狀，不得夜便大暗也。又日入則星月出焉。明知天以日月分主晝夜，相代而照也。若日常出者，不應日亦入而星月亦出也。

[1]頃：原本、宋本作“湏”，即“須”的異體字。應作“湏”，即“頃”的異體字。殿本作“頃”，此據殿本改。

[2]“日轉北去”至“不應如橫破鏡也”：王充主張日去人遠而没，此日遠至北方而去人遠，那麽，應該是近北方的半日首先不見，而不是近地之半日不見。這些都是駁蓋天説的有力證據。

[3]日入北方：北，原本、宋本、殿本作“西”，據中華本改。

又按《河》《洛》之文，皆云水火者，陰陽之餘氣也。夫言餘氣也，則不能生日月可知也，顧當言日精生火者可耳。[1]若水火是日月所生，則亦何得盡如日月之員乎？今火出於陽燧，[2]陽燧員而火不員也；水出於方諸，方諸方而水不方也。又陽燧可以取火於日，而無取日於火之理，此則日精之生火明矣；方諸可以取水於月，[3]而無取月於水之道，此則月精之生水了矣。王生又云遠故視之員。若審然者，月初生之時及既虧之後，何以視之不員乎？而日食或上或下，從側而起，或如鈎至盡。若遠視見員，不宜見其殘缺左右所起也。此則渾天之理，[4]信而有徵矣。

[1]日精生火：原本、宋本、殿本“日”下衍“陽”字，據中華本校勘記删。

[2]火出於陽燧：《淮南子·天文訓》：“故陽燧見日，則燃而爲火。”陽燧又名夫燧，古人就日下取火的一種工具。金屬製成的尖底杯，放在日光下，使光綫聚在杯底尖處，杯底置艾絨之類，遇光即能燃火。一説用銅製的凹鏡，向日取火。

[3]方諸可以取水於月：《周禮·秋官·司烜氏》：“以鑒取明水於月。”鄭注曰：“鑒，鏡屬，取水者，世謂之方諸。”又《淮南子·天文訓》曰：“方諸取露於月。”可見方諸爲古代在月下承露取水的用具。

[4]渾天之理：理，原本、宋本作“躰”，即“體”之異體字，殿本作“理”，據殿本改。

儀象

《虞書》曰：“在琁璣玉衡，以齊七政。”《考靈曜》云：“分寸之晷，[1]代天氣生，[2]以制方員。[3]方員以成，參以規矩。[4] 昏明主時，乃命中星觀玉儀之游。”[5] 鄭玄謂以玉爲渾儀也。《春秋文曜鈎》云：“唐堯即位，羲和立渾儀。”此則儀象之設，其來遠矣。綿代相傳，史官禁密，學者不睹，故宣、蓋沸騰。

［1］晷：日晷和晷影。

［2］代天氣生：象徵着節氣產生的狀態。

［3］以制方員：用以控制、確定天地的狀態。方員，指天地。

［4］方員以成，參以規矩：晷影長度已經確定，借助於規和矩，用以確定季節。

［5］昏明主時，乃命中星觀玉儀之游：在昏明之時，用儀器觀測中星。玉儀，相傳上古儀器是用玉製作的，象徵着珍貴和精密。漢時纖緯文字，故意寫得艱澀難讀，辭意模糊，以期可以做出不同的推測。

暨漢太初，落下閎、鮮于妄人、耿壽昌等造員儀以考曆度。後至和帝時，賈逵繫作，又加黄道。至順帝時，張衡又制渾象，具内外規、南北極、黄赤道，列二十四氣、二十八宿中外星官及日月五緯，以漏水轉之於殿上室内，星中出没與天相應。因其關戾，[1] 又轉瑞輪蓂莢於階下，隨月虚盈，依曆開落。

［1］關戾：機關巧妙。

其後陸績亦造渾象。至吴時，中常侍廬江王蕃善數術，傳劉洪《乾象曆》，[1] 依其法而制渾儀，立論考度曰：

前儒舊説，天地之體，狀如鳥卵，天包地外，猶㲉之裹黄也；周旋無端，其形渾渾然，故曰渾天也。周天三百六十五度五百八十九分度之百四十五，半覆地上，半在地下。其二端謂之南極、北極。北極出地三十六度，南極入地三十六度，兩極相去一百八十二度半强。繞北極徑七十二度，常見不隱，謂之上規。繞南極七十二度，常隱不見，謂之下規。赤道帶天之紘，[2]去兩極各九十一度少强。

[1]劉洪：劉，原本、宋本作“釗”，殿本作“劉”，據殿本改。

[2]紘（hóng）：作紐帶、繩子解。

黄道，日之所行也，半在赤道外，半在赤道内，[1]與赤道東交於角五少弱，西六於奎十四少强。其出赤道外極遠者，去赤道二十四度，斗二十一度是也。其入赤道内極遠者，亦二十四度，井二十五度是也。

[1]半在赤道内：赤，原本、宋本作“黄”，殿本作“赤”，據殿本改。

日南至在斗二十一度，去極百一十五度少强。是也日最南，去極最遠，故景最長。黄道斗二十一度，出辰入申，故日亦出辰入申。[1]日晝行地上百四十六度强，故日短；夜行地下二百一十九度少弱，故夜長。自南至之後，日去極稍近，故景稍短。日晝行地上度稍多，故日稍長；夜行地下度稍少，故夜稍短。日所在度稍北，故日稍北，以至於夏至，日在井二十五度，去極六十七度少强。是日最北，去極最近，景最短。黄道井二十五度，出寅入戌。故日亦出寅入戌。日晝行地上二百一十九度少弱，故日長；夜行地下百四十六度强，故夜短。自夏至之後，日去極稍遠，故景稍長。日晝行地上度稍少，故日稍短；夜行地下度稍多，故夜稍長。日所在度稍南，故日出入稍南，[2]以至於南至而復初焉。斗二十一，井二十五，南北相應四十八度。

［1］故日亦出辰入申：原本、宋本無此句，殿本有，據殿本補。

［2］日出入稍南：原本、宋本無“入”字，殿本有，據殿本補。

春分日在奎十四少强，秋分日在角五少弱，此黄赤二道之交中也。去極俱九十一度少强，南北處斗二十一、井二十五之中，故景居二至長短之中。奎十四角五，出卯入酉，故日亦出卯入酉。日晝行地上，夜行地下，俱百八十二度半强，故日見之漏五十刻，不見之漏五十刻，謂之晝夜同。夫天之晝夜以日出没爲分，人之晝夜以昏明爲限。日未出二刻半而明，日入二刻半而昏，故損夜五刻以益晝，[1]是以春秋分漏晝五十五刻。

[1]損夜五刻以益晝：古以伸手能見五指爲明，而不以日出日落爲晝夜界。以日出前、日落後二刻半爲昏明和晝夜界，故春秋分晝漏五十五刻，夜漏四十五刻。

三光之行，不必有常，術家以算求之，[1]各有同異，故諸家曆法參差不齊。《洛書甄曜度》《春秋考異郵》皆云："周天一百七萬一千里，一度爲二千九百三十二里七十一步二尺七寸四分四百八十七分分之三百六十二。"陸續云："天東西南北徑三十五萬七千里。"此言周三徑一也。考之徑一不啻周三，率周百四十二而徑四十五，則天徑三十二萬九千四百一里一百二十二步二尺二寸一分七十一分分之十。[2]

[1]術家：指擅長天文曆算的學者。原本、宋本、殿本作"術術家"，據中華本改。

[2]天徑三十二萬九千四百一里：中華本校勘記："《考異》："周天一百七萬一千里，以徑四十五周百四十二之率約之，當云三十三萬九千四百一里。"

《周禮》："日至之景尺有五寸，謂之地中。"鄭衆説："土圭之長尺有五寸，以夏至之日立八尺之表，其景與土圭等，謂之地中，今潁川陽城地也。"鄭玄云："凡日景於地，千里而差一寸，景尺有五寸者，南戴日下萬五千里也。"以此推之，日當去其下地八萬里矣。日邪射陽城，則天徑之半也。天體員如彈丸,[1]地處天之半，而陽城爲中，則日春秋冬夏，昏明晝夜，去陽城皆等，無盈縮矣。故知從日邪射陽城，爲天徑之半也。[2]

[1]天體員如彈丸：原本、宋本、殿本無“天”字，據中華本補。

[2]這項計算作了三項假設：大地是平直的；天之高，即太陽距地爲八萬里；凡日影於地，千里而差一寸。則夏至時，當觀測到8尺之圭影長1尺5寸時，可以推知夏至“南戴日下”距觀測地爲1萬5千里。如圖3所示：觀測地B爲陽城，土圭BC爲8尺，AB爲夏至時影長1尺5寸。B′爲夏至時南戴日下。C′爲夏至時太陽的位置，那麽，△ABC與△AB′C′爲兩相似直角三角形。AB′之距離是依據兩相似直角三角形求出的。由於AB′和B′C′已知，則由勾股弦定理可求得弦AC′之長。由其定義夏至之日八尺之表日影一尺五寸與土圭之長一尺五寸相等之地謂之地中，這便是陽城爲地中之來歷。

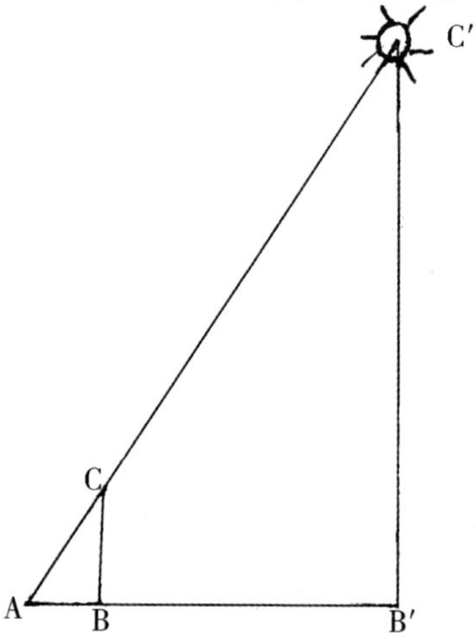

圖3　夏至日測天徑之半示意圖

那麽，夏至之日陽城距日之距離 AC′，便爲天徑之半。（參見圖 3）

以句股法言之，旁萬五千里，句也；立八萬里，[1]股也；從日邪射陽城，弦也。以句股求弦法入之，得八萬一千三百九十四里三十步五尺三寸六分，天徑之半而地上去天之數也。倍之，得十六萬二千七百八十八里六十一步四尺七寸二分，天徑之數也。以周率乘之，徑率約之，得五十一萬三千六百八十七里六十八步一尺八寸二分，周天之數也。減《甄曜度》《考異郵》五十五萬七千三百一十二里有奇。[2]一度凡千四百六里百二十四步六寸四分十萬七千五百六十五分分之萬九千四十九，[3]減舊度千五百二十五里二百五十六步三尺三寸二十一萬五千一百三十分分之十六萬七百三十。[4]

［1］立八萬里：原本、宋本、殿本作“立八極萬里”，據中華本删“極”字。

［2］《甄曜度》：曜，原本、宋本作“耀”，殿本作“耀”，據殿本改。

［3］一度凡千四百六里百二十四步：百二十四步，原本、宋本、殿本無“百”字，據中華本補。

［4］減舊度千五百二十五里：二，宋本作“三”。 1 度之長，等於周天之數除以 365. 25 度。文中兩處相減之數含義不明。

分黄赤二道，相與交錯，其間相去二十四度。以兩儀推之，[1]二道俱三百六十五度有奇，是以知天體員如彈丸也。而陸績造渾象，其形如鳥卵，然則黄道應長於赤道矣。績云"天東西南北徑三十五萬七千里"，然則績亦以天形正員也，而渾象爲鳥卵，則爲自相違背。

[1]兩儀：兩，原本、宋本、殿本作"南"，據中華本改。

古舊渾象以二分爲一度，凡周七尺三寸半分。張衡更制，以四分爲一度，凡周一丈四尺六寸一分。[1]蕃以古制局小，星辰稠概，衡器傷大，難可轉移，更制渾象，以三分爲一度，凡周天一丈九寸五分四分分之三也。[2]

[1]凡周一丈四尺六寸一分：原本、宋本、殿本無"一分"二字，據中華本補。

[2]凡周天：天，原本、宋本作"大"，殿本作"天"，據殿本改。　五分四分分之三：原本、宋本、殿本作"五分分之三"，據中華本改。　以上王蕃關於渾天學説的描述文字，可參考圖4。

天文經星

《洪範傳》曰：[1]"清而明者，天之體也。天忽變色，是謂易常。天裂，陽不足，是謂臣强。天裂見人，兵起國亡。天鳴有聲，至尊憂且驚。皆亂國之所生也。"

[1]《洪範傳》：洪，原本、宋本作"鴻"，殿本作"洪"，據殿本改。

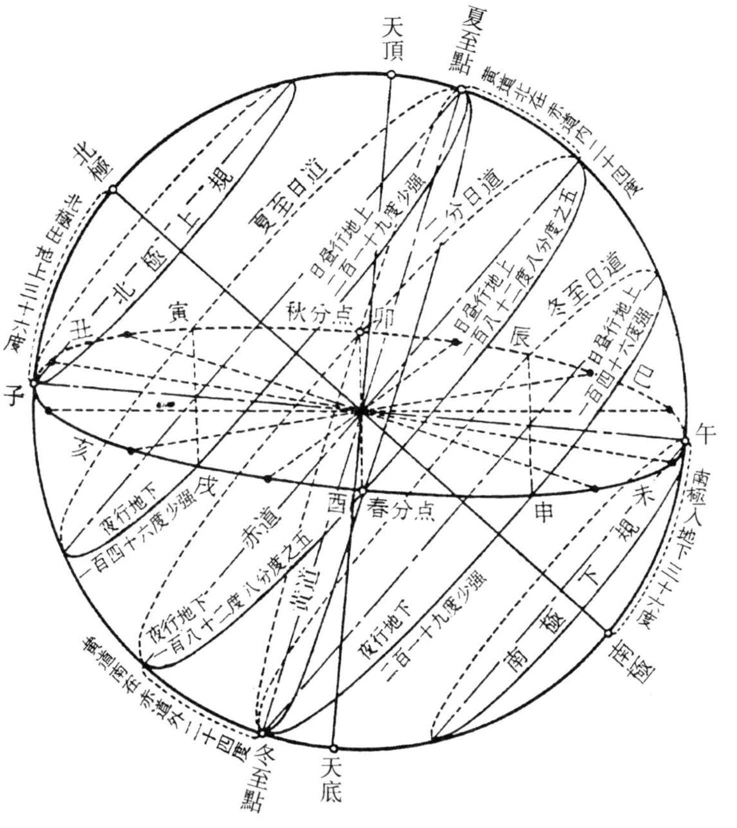

圖4　王蕃渾天學説示意圖

馬績云：[1]“天文在圖籍昭昭可知者，經星常宿中外官凡一百一十八名，積數七百八十三，皆有州、國、官、宮、物類之象。”[2]

[1]馬續：原本、宋本、殿本作“馬績”，據中華本改。

[2]皆有州、國、官、宮、物類之象：中國古代星座的名稱，

主要是以國家、社會及其機構和日常生活中的人與物等來命名的，故曰星名“皆有州、國、官、宮、物類之象”。“之象”就是之星象名稱。州，指地方名稱，如長沙、九州殊口、東甌、闕丘、天街、天河、天田、輦道、亢池、四輔、南河、北河、閣道、附路、天津、天江等。國，如齊、趙、鄭、越、周、秦、代、晋、韓、魏、楚、燕、狗國等。官，即中央政府各級行政長官和人物，如帝、侯、宦者、宗正、宗人、七公、天大將軍、五諸侯、轅軒、郎將、太陽守、騎官、織女、羽林、土司空、老人、天皇大帝、柱下史、女史、尚書、造父、人、司命、司禄、司危、司非、三公、謁者、内五諸侯、太子、從官、幸臣、諸王、司怪、騎陣將軍、車騎、農丈人、土公、土公吏、丈人、馬、孫、太尊、大理、女御、天相、虎賁、從官等。宮，指宮殿、垣墻、建築物等，如天市垣、天牢、紫微垣、庫樓、南門、北落司門、天倉、天囷、天廩、天苑、厠、内厨、内階、天厨、車府、市樓、天門、明堂、靈臺、軍南門、天園、軍井、玉井、水府、天社、外厨、天廟、天關、器府、長垣、軍門、陽門、列肆、車肆、屠肆、天壘城、神宮、墳墓、營、室、離宮、東井等。物類，指自然物、工具用品等，如玄戈、天槍、天培、女床、貫索、帝坐、河鼓、鼓旗、離珠、匏瓜、天船、五車、黄帝坐、四帝坐、屏、北斗、衡、杵、九坎、敗臼、參旗、天矢、華蓋、杠、五帝内坐、天床、内杵、扶筐、敗瓜、河鼓、左旗、斛、周鼎、帝坐、三公内坐、九卿内坐、酒旗、天樽、坐旗、蓋屋、天節、九旒、天輻、鍵閉、鈎、天桴、天箭、天錢、天鉞、鈎鈐、箕、南斗、畢、鉞、軫、轄等。除此之外，還有少數屬黄道帶的四方動物星名，如東方蒼龍、南方朱雀、西方白虎、北方玄武等，還有附屬動物如狗、天鷄、狼、野鷄、鱉、魚、龜等。據研究，這些動物星名，也大多源於黄道帶屬國子民的動物圖騰崇拜，這些動物星名，實際也是四方民族的代表和象徵。

張衡云："文曜麗乎天，其動者有七，日月五星是也。日者，陽精之宗；月者，陰精之宗；五星，五行之精。衆星列布，體生於地，精成於天，[1]列居錯峙，各有攸屬。在野象物，在朝象官，在人象事。[2]其以神差，有五列焉，是爲三十五名。[3]一居中央，謂之北斗。四布於方各七，爲二十八舍。日月運行，歷示吉凶，五緯躔次，[4]用告禍福。中外之官，常明者百有二十四，[5]可名者三百二十，爲星二千五百，微星之數蓋萬一千五百二十。[6]庶物蠢蠢，咸得繫命。不然，何得總而理諸？"後武帝時，太史令陳卓總甘、石、巫咸三家所著星圖，[7]大凡二百八十三官，一千四百六十四星，以爲定紀。[8]今略其昭昭者，以備天官云。

[1]精成於天：天，原本、宋本、殿本作"列"，據中華本改。

[2]在人象事：事，原本、宋本、殿本作"神"，據中華本、張衡《靈憲》文改。

[3]有五列焉，是爲三十五名：五列，指中、東、南、西、北五宫。三十五名，指三垣二十八宿等。

[4]五緯躔次：原本闕"五"字，作一字空白，宋本、殿本作"五"，據宋本、殿本補。

[5]常明者百有二十四：《漢書·天文志》稱"中外官凡百一十八名"，《後漢書·天文志》稱"百二十官"，此處引張衡《靈憲》"百有二十四"，各相差二至六官，大抵由列舉星官方式方法不同造成，如三臺是作一官還是三官等。

[6]微星之數蓋萬一千五百二十：現代學者潘鼐等認爲，早在張衡以前，一萬一千五百二十這個數字，已成爲易學、哲學語言，被賦予了象徵宇宙萬物的意義。因此，《靈憲》用以表示微星之數，

並非算學上的數字。萬一千五百二十，殿本“萬”下有“有”字。

[7]此指三國時陳卓綜合甘德、石申、巫咸三家星表，畫成星圖，其圖已佚。甘、石、巫三家星表文獻，今載於《開元占經》。

[8]以爲定紀：是説經過陳卓總結之後，中國星表、星圖中之星官名數便已確定，不再變更。

中宫[1]

北極五星，鉤陳六星，皆在紫宫中。[2]北極，北辰最尊者也，其紐星，[3]天之樞也。天運無窮，三光迭耀，而極星不移，故曰“居其所而衆星共之”。第一星主月，太子也。第二星主日，帝王也；亦太一之坐，[4]謂最赤明者也。第三星主五星，庶子也。中星不明，主不用事；右星不明，太子憂。鉤陳，後宫也，大帝之正妃也，太帝之帝居也。[5]北四星曰女御宫，八十一御妻之象也。

[1]中宫：中國傳統的星表和星圖，將全天星座分爲中、東、南、西、北五個天區，稱爲五宫。星座名稱，則通稱爲宿或官，爲了供讀者閲讀、使用方便，此處附以五宫星圖。（參見圖5。參陳遵嬀《中國天文學史》上海人民出版社1980年版第268頁“中宫星圖”繪）

[2]紫宫：即紫微垣。中宫包括紫微垣、天市垣、太微垣。三垣又各包括若干星座。紫微垣在拱極圈之内。

[3]紐星：北極星中的距星稱爲紐星，又叫天樞星。天樞，天之樞軸，衆星繞軸旋轉，故稱北極。

[4]太一：又稱天一、太乙、北辰。一，殿本作“乙”。

[5]“鉤陳”至“帝居也”：此處應是第四星，各本誤作“鉤

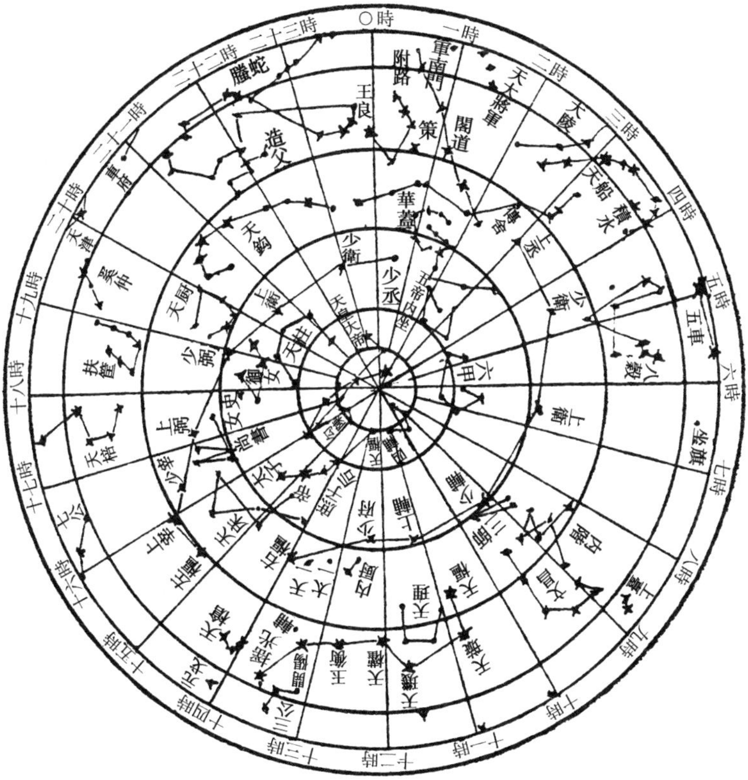

圖5　五宮星圖

陳”，《隋書·天文志》亦誤。自“北極，北辰”至“太帝之帝居也”，是介紹北極五星的，與“鈎陳”無關，故知其爲“第四星”之誤。《步天歌·紫微宫》曰：“中元北極紫微宫，北極五星在其中，大帝之座第二珠，第三之星庶子居，第一號曰爲太子，四爲后宫五天樞。”由此可知北極第四星爲后宫。據本文所言，第一爲太子，第二爲帝星，第三爲庶子，第四爲后宫，第五爲紐星。由於紐星爲北辰，故首先介紹。

鉤陳口中一星曰天皇大帝，其神曰耀魄寶，主御群靈，執萬神圖。[1]抱北極四星曰四輔，所以輔佐北極而出度授政也。大帝上九星曰華蓋，所以覆蔽大帝之坐也。蓋下九星曰杠，蓋之柄也。[2]華蓋下五星曰五帝内坐，設叙順帝所居也。客星犯紫宫中坐，大臣犯主。華蓋杠旁六星曰六甲，[3]可以分陰陽而配節候，故在帝旁，所以布政教而授農時也。極東一星曰柱下史，主記過；左右史，此之象也。柱史北一星曰女史，婦人之微者，主傳漏，故漢有侍史。傳舍九星在華蓋上，近河，賓客之館，主胡人入中國。客星守之，備姦使，亦曰胡兵起。傳舍南河中五星曰造父，御官也，一曰司馬，或曰伯樂。星亡，馬大貴。其西河中九星如鉤狀，曰鉤星，直則地動。天一星在紫宫門右星南，天帝之神也，主戰鬥，知人吉凶者也。太一星在天一南，相近，亦天帝神也，主使十六神，知風雨水旱、兵革饑饉、疾疫災害所在之國也。

[1]此指鉤陳一，即小熊座 a，爲現代的北極星。

[2]“大帝上九星”及“蓋下九星”：此處提及上、下方位，中國古代，在圖上辨别方向，爲上南、下北、左東、右西。另外，在星圖上，北極爲最北點，其餘均在其南方。

[3]六甲：星座名。其本義爲六個與甲相配的地支，如子、寅等。在星占學上，六甲是最重要的干支，由此衍生出分陰陽、配節候、布政教、授農時。

紫宫垣十五星，其西蕃七，東蕃八，在北斗北。一曰紫微，大帝之坐也，天子之常居也，主命主度也。一日長垣，一曰天營，一曰旗星，爲蕃衛，備蕃臣也。宫闕兵起，旗星直，[1]天子出，自將宫中兵。東垣下五星曰天柱，建政教，懸圖法。[2]門内東南維五星曰尚書，主納言，夙夜諮謀，龍作納言，此之象也。尚書西二星曰陰德、陽德，主周急振撫。宫門左星内二星曰大理，[3]主平刑斷獄也。門外六星曰天床，主寢舍，解息燕休。西南角外二星曰内厨，主六宫之内飲食，[4]主后妃夫人與太子宴飲。[5]東北維外六星曰天厨，主盛饌。[6]

[1]旗星：原本、宋本、殿本作“旌旗星”，據上文及中華本改。

[2]建政教，懸圖法：言天柱星象徵皇家於朔望之日頒布政令。

[3]宫門左星内二星：中華本校勘記：“《考證》：‘左’下‘星’疑衍。”

[4]主六宫之内飲食：主，原本、宋本、殿本無此字，據中華本補。

[5]主后妃夫人與太子宴飲：主，殿本作“王”。

[6]左樞、右樞之間，稱爲紫微垣的宫門，垣即圍墻。本段許多星座的方位，都是以宫門的方位爲標志的。

以上關於星宿的描述，是以一套系統、典型的皇家統治系統來命名的。東、西紫微宫墻守衛着帝皇的居處，其内最高統治者爲天皇大帝，還有其妻屬正妃和八十一御妻、女御等，其子屬太子、庶子等。有柱下史、女史、侍史等，有爲其養馬、治馬、駕車的司馬、伯樂、造父、御官。中設有大帝寶座，象徵統治及統治中心，座上有華蓋及木工。環抱北極的有四輔，象徵輔佐帝皇施政的四個大臣。

在東、西垣墻處，有若干藩衛守衛，如少尉、上輔、少輔、上衛、少衛、上丞、少丞、上宰、少宰等，門内有尚書、大理在主持政事。在宫内外有内厨、天厨。還有供休息用的天床等。周圍所有星名，都是圍繞這套政治系統命名的。以下還有帝車、天理、三公、文昌、相星等，不再贅言。

北斗七星，輔一星，在太微北，[1]七政之樞機，陰陽之元本也。故運乎天中，而臨制四方，以建四時而均五行也。魁四星爲琁璣，杓三星爲玉衡。[2]又曰，斗爲人君之象，號令之主也。又爲帝車，取乎運動之義也。又魁第一星曰天樞，二曰琁，三曰璣，四曰權，五曰玉衡，六曰開陽，七曰摇光；一至四爲魁，五至七爲杓。[3]樞爲天，琁爲地，璣爲人，權爲時，玉衡爲音，開陽爲律，摇光爲星。石氏云："第一曰正星，主陽德，天子之象也。二曰法星，主陰刑，女主之位也。三曰令星，主中禍。四曰伐星，主天理，伐無道。五曰殺星，主中央，助四旁，殺有罪。六曰危星，主天倉五穀。七曰部星，亦曰應星，主兵。"又云：[4]"一主天，二主地，三主火，四主水，五主土，六主木，七主金。"又曰："一主秦，二主楚，三主梁，四主吴，五主燕，六主趙，七主齊。"

[1]北斗七星，輔一星，在太微北：原本、宋本、殿本均作"北斗七星在太微北"，此語不通，核對《隋書·天文志》，發現中間佚"輔一星"三字，今補正。

[2]魁四星爲琁璣，杓三星爲玉衡：北斗七星是北極附近特别

顯著明亮的星座，古人賦予其建四時、均五行的特殊功能。《尚書·堯典》有琁璣玉衡以齊七政之説。

［3］“又魁第一星曰天樞”至“五至七爲杓”：如圖 6 所示：一至四組成的四方塊，稱之爲魁，魁者，首也。五至七爲杓（biāo），即勺之把，意即杓爲勺之把手。

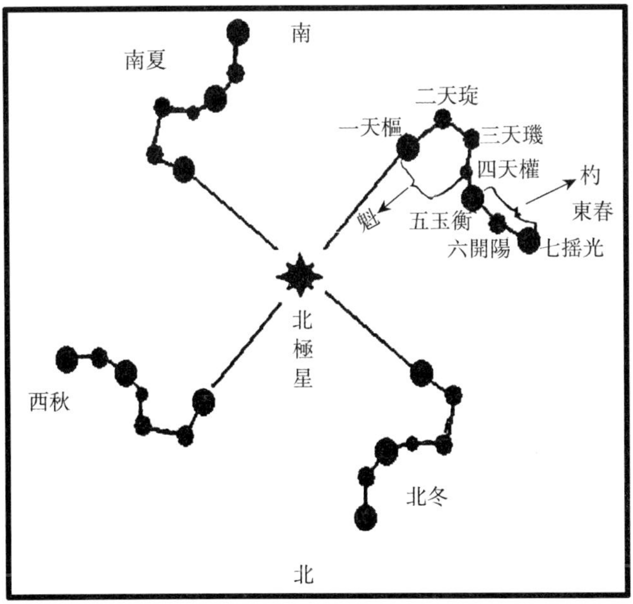

圖 6　北斗七星指向示意圖

［4］又云：原本、宋本、殿本無“云”字，據中華本補。

魁中四星爲貴人之牢，曰天理也。輔星傅乎開陽，所以佐斗成功，丞相之象也。七政星明，其國昌；輔星明，則臣强。杓南三星及魁第一星西三星皆曰三公，主宣德化、調七政、和陰陽之官也。

文昌六星，在北斗魁前，天之六府也，主集計天道。一曰上將，大將軍建威武。二曰次將，尚書正左右。三曰貴相，太常理文緒。四曰司禄、司中，司隸賞功進。五曰司命、司怪，太史主滅咎。六曰司寇，大理佐理寶。所謂一者，起北斗魁前近内階者也。明潤，大小齊，天瑞臻。

文昌北六星曰内階，天皇之階也。相一星在北斗南。相者，總領百司而掌邦教，以佐帝王安邦國、集衆事也。其星明，吉。太陽守一星，[1]在相西，大將、大臣之象也，主戒不虞，設武備。西北四星曰勢。勢，腐刑人也。天牢六星，在北斗魁下，貴人之牢也。[2]

［1］太陽守一星：太陽守由一星組成。原本、宋本、殿本無“一星”二字，據中華本補。

［2］陳遵嬀《中國天文學史》説：“紫微垣共含星座三十七，另有附座兩個，正星一百六十三，增星一百八十一。”（上海人民出版社1980年版，第294頁）其書列舉三十七星座名爲：北極、四輔、天乙、太乙、左垣、右垣、陰德、尚書、女史、柱史、御女、天柱、大理、勾陳、六甲、天皇大帝、五帝内座、華蓋、傳舍、内階、天厨、八穀、天棓、内厨、文昌、三師和三公、天床、太尊、天牢、大陽守、勢、相、玄戈、天理、輔、北斗、天槍。這里未列及本志中所列之“杠”。

太微，天子庭也，五帝之坐也，十二諸侯府也。其外蕃，九卿也。一曰太微爲衡。衡，主平也。又爲天庭，理法平辭，監升授德，列宿受符，諸神考節，舒情稽疑也。南蕃中二星間曰端門：東曰左執法，廷尉之象也；西曰右執法，御史大夫之象也。執法，所以舉刺凶奸者也。左執法之東，左掖門也；右執法之西，右掖門也。東蕃四星，南第一星曰上相，[1]其北，東太陽門也；第二星曰次相，其北，中華東門也；第三星曰次將，其北，東太陰門也；第四星曰上將：所謂四輔也。西蕃四星，南第一星曰上將，其北，西太陽門也；第二星曰次將，其北，中華西門也；第三星曰次相，其北，西太陰門也；第四星曰上相：[2]亦曰四輔也。東西蕃有芒及動搖者，諸侯謀天子也。[3]執法移，刑罰尤急。月、五星入太微，軌道，吉。其所犯中坐，成刑。

[1]南第一星：原本、宋本、殿本“第一”下無“星”字，據中華本校勘記補。

[2]上相：原本、宋本、殿本“相”字下有“次”字，據中華本刪。

[3]謀天子也：原本、宋本、殿本“謀”字下無“天子也”三字，據中華本校勘記補。

其西南角外三星曰明堂，天子布政之宮。明堂西三星曰靈臺，觀臺也，主觀雲物，察符瑞，候灾變也。[1]左執法東北一星曰謁者，主贊賓客也。謁者東北三星曰三公內坐，朝會之所居也。三公北三星曰九卿內坐，主治萬事。[2]九卿西五星曰內五諸侯，內侍天子，不之國也。辟雍之禮得，則太微、諸侯明。

［1］候灾變也：也，原本、宋本作“化”，殿本作“也”，據殿本改。

［2］主治萬事：原本、宋本、殿本無“主”字，據中華本校勘記補。

黄帝坐在太微中，含樞紐之神也。天子動得天度，止得地意，從容中道，則太微五帝坐明以光。黄帝坐不明，人主求賢士以輔法，不然則奪勢。四帝星夾黄帝坐，[1]東方蒼帝，靈威仰之神也；南方赤帝，赤熛怒之神也；西方白帝，白招矩之神也；北方黑帝，叶光紀之神也。

［1］四帝星夾黄帝坐：夾，原本作“俠”，宋本、殿本作“夾”，據宋本、殿本改。

五帝坐北一星曰太子，帝儲也。太子北一星曰從官，侍臣也。帝坐東北一星曰幸臣。屏四星在端門之内，近右執法。屏，所以壅蔽帝庭也。執法主刺舉；臣尊敬君上，則星光明潤澤。[1]郎位十五星在帝坐東北，一曰依烏，郎府也。周官之元士，漢官之光禄、中散、諫議、議郎、三署郎中，是其職也。郎，主衛守也。[2]其星不具，后妃死，幸臣誅。星明大及客星入之，大臣爲亂。郎將在郎位北，主閲具，所以爲武備也。武賁一星，在太微西蕃北，下臺南，[3]静室旄頭之騎官也。常陳七星，如畢狀，在帝坐北，天子宿衛武賁之士，以設强御也。星摇動，天子自出，明則武兵用，微則兵弱。

[1]則星光明潤澤：光，宋本作“尤”。

[2]主衛守也：衛守，殿本作“守衛”。

[3]下臺南：臺，原本、宋本、殿本作“名”，據中華本改。

三臺六星，兩兩而居，起文昌、列招摇、抵太微。[1]一曰天柱，三公之位也。在人曰三公，在天曰三臺，主開德宣符也。西近文昌二星曰上臺，爲司命，主壽。次二星曰中臺，爲司中，主宗室。東二星曰下臺，爲司禄，主兵，所以昭德塞違也。又曰三臺爲天階，太一躡以上下。一曰泰階。上階，上星爲天子，下星爲女主；中階，上星爲諸侯、三公，下星爲卿、大夫；下階，上星爲士，下星爲庶人：所以和陰陽而理萬物也。君臣和集，如其常度，有變則占其人。

[1]列招摇、抵太微：連同其上的“起文昌”，爲三個排比句。原本、宋本、殿本、中華本均作“列抵太微”，《隋書·天文志》則作“列招摇太微”，可見二志均有漏字，故補正。

南四星曰内平，近職執法平罪之官也。中臺之北一星曰太尊，貴戚也。

攝提六星，直斗杓之南，主建時節，伺禨祥。[1]攝提爲楯，以夾擁帝座也，主九卿。明大，三公恣。客星入之，聖人受制。西三星曰周鼎，主流亡。大角在攝提間。大角者，天王座也。又爲天棟，正經紀也。北三星曰帝席，主宴獻酬酢。北三星曰梗河，天矛也。一曰天鋒，主胡兵。又爲喪，故其變動應以兵喪也。星亡，其國有兵謀。其北一星曰招摇，一曰矛楯，其北一星曰玄戈，皆主胡兵，占與梗河略相類也。[2]招摇與北斗杓間曰天庫。星去其所，則有庫開之祥也。招摇欲與棟星、梗河、北斗相應，則胡當來受命於中國。[3]玄戈又主北夷，客星守之，胡大敗。天槍三星，在北斗杓東，一曰天鉞，天之武備也。故在紫宫之左，[4]所以禦難也。女床三星，在紀星北，後宫御也，主女事。天棓五星，在女床北，天子先驅也，主分争與刑罰，藏兵亦所以禦兵、亦所以禦難也。槍、棓，皆以備非常也；一星不具，其國兵起。東七星曰扶筐，盛桑之器，主勸蠶也。七公七星，在招摇東，天之相也，三公之象也，主七政。貫索九星在其前，賤人之牢也。一曰連索，一曰連營，一曰天牢，主法律，禁暴强也。牢口一星爲門，欲其開也。九星皆明，天下獄煩；七星見，小赦；六星、五星，大赦。動則斧鑕用，中空則更元。《漢志》云十五星。天紀九星，在貫索東，九卿也，主萬事之紀，理怨訟也。明則天下多辭訟；[5]亡則政理壞、國紀亂；散絶則地震山崩。織女三星，在天紀東端，天女也，主果蓏絲帛珍寶也。王者至孝，神祇咸喜，則織女星俱明，天下和平。大星怒角，布帛貴。東足四星曰漸臺，臨水之臺也，主晷漏律吕之事。西足五星曰輦道，王者嬉游之道也，漢輦道通南北宫，其象也。

[1]伺機祥：伺，原本、宋本作“同”，殿本作“伺”，據殿本改。

[2]以上文字，當與上文北斗七星連續。“攝提六星，直斗杓

之南，主建時節，伺禨祥”，表明攝提的作用和含義與北斗星相同，同時也可知道，攝提星的方向，也正是北斗星建時節所指示的方向。據研究，在以北斗七星建時節以前，曾經有以北斗九星建時節的時代，二者指示方向，有指角和指心之區别，而這里的招摇和天鋒，即爲北斗九星的第八星和第九星。

[3]則胡當來：殿本“胡”下有“兵”字。

[4]在紫宫之左：原本、宋本、殿本作“在紫宫之左右”，衍一“右”字，據中華本删。

[5]明則天下多辭訟：明，原本作“朋”，宋本、殿本作“明”，據宋本、殿本改。

左右角間二星曰平道之官。平道西一星曰進賢，主卿相舉逸才。亢北六星曰亢池，亢，舟航也，池，水也。[1]東咸、西咸各四星，在房心北，[2]日、月、五星之道也。房之户，所以防佚淫也。星明則信，吉；月、五星犯守之，有陰謀。鍵閉一星，在房東北，近鈎鈐，[3]主關籥。[4]

[1]“北六星日亢池”至“池，水也”：原本、宋本、殿本無此段文字，“亢”與“東咸、西咸”文義不連續，故中華本“亢”字後加一句號，獨字不成文句，知其必有漏字。核對《隋書·天文志》知“亢”與“東咸”間有漏字，今據《隋書·天文志》補。

[2]在房心北：房，宋本作“旁”。

[3]近鈎鈐：原本、宋本、殿本無“近”字，據中華本補。

[4]陳遵嬀總結太微垣認爲：太微垣是三垣的上垣，它在紫微垣的東北角，位於北斗的南方，横跨辰巳午三宫，約占天空六十三度的範圍。“它包含二十個星座，正星七十八顆，增星一百顆，主要由十星組成，以五帝座爲中樞，成屏藩形狀。”（陳遵嬀：《中國

天文學史》，第 297 頁）其二十星座名如下：左垣、右垣、謁者、三公、九卿、五諸侯、内屏、五帝座、幸臣、太子、從官、郎將、虎賁、常陳、郎位、明堂、靈臺、少微、長垣、三臺。

天市垣二十二星，在房心東北，主權衡，主聚衆。一曰天旗庭，主斬戮之事也。市中星衆潤澤，則歲實。熒惑守之，戮不忠之臣。彗星除之，爲徒市易都。客星入之，兵大起；出之，有貴喪。

帝坐一星，在天市中，候星西，[1]天庭也。光而潤則天子吉，威令行。候一星，在帝坐東北，主伺陰陽也。明大，輔臣强，四夷開；候細微，則國安；亡則主失位；移則不安。宦者四星，[2]在帝坐西南，侍主刑餘之人也。星微，吉；非其常，宦者有憂。宗正二星，在帝坐東南，宗大夫也。彗星守之，若失色，宗正有事；客星守之，更號令也。宗人四星，在宗正東，主録親疏享祀。族人有序，則如綺文而明正。動則天子親屬有變；客星守之，貴人死。宗星二，在候星東，宗室之象，帝輔血脉之臣也。客星守之，宗支不和。

[1]候星西：原本、宋本、殿本無“候”字，據中華本補。
[2]宦者四星：星，宋本作“夷”。

天江四星，在尾北，主太陰。江星不具，天下津河關道不通。明若動摇，大水出，大兵起；參差則馬貴。熒惑守之，有立主。客星入之，河津絶。

天籥八星在南斗柄西，主關閉。建星六星在南斗北，亦曰天旗，天之都關也。爲謀事，爲天鼓，爲天馬。南二星，天庫也。中央二星，市也，鈇鑕也。[1]上二星，旗跗也。斗建之間，三光道也。星動則衆勞。月暈之，蛟龍見，牛馬疫。月、五星犯之，大臣相譖有謀，亦爲關梁不通，有大水。東南四星曰狗國，主鮮卑、烏丸、沃且。熒惑守之，外夷爲變。狗國北二星曰天鷄，主候時。天弁九星，[2]在建星北，市官之長也，以知市珍也。星欲明，吉。彗星犯守之，糴貴，囚徒起兵。

[1]鈇鑕：腰斬用的墊具。鈇，刀也。

[2]天弁九星：弁，原本、宋本作“辨”，殿本作“辯”，據中華本改。

河鼓三星，旗九星，在牽牛北，天鼓也，主軍鼓，主鈇鉞。[1]一曰三武，主天子三將軍，中央大星爲大將軍，左星爲左將軍，右星爲右將軍。左星，南星也，所以備關梁而距難也，[2]設守阻險，知謀徵也。旗即天鼓之旗，所以爲旌表也。左旗九星，在鼓左旁。鼓欲正直而明，色黄光澤，將吉；不正，爲兵憂也。星怒，馬貴。動則兵起。曲則將失計奪勢。旗星差戾，亂相陵。旗端四星南北列，曰天桴，鼓桴也。[3]星不明，漏刻失時。前近河鼓，若桴鼓相直，皆爲桴鼓用。[4]

[1]鈇鉞：斧頭。

[2]關梁：關口和橋梁。

[3]天桴，鼓桴：都是指鼓槌。

[4]陳遵嬀總結天市垣曰："天市垣，是三垣的下垣，它在紫微垣的東南角。横跨丑寅卯三宫，約占東南天空五十七度的範圍。北自七公，南至南海，東自巴蜀，西至吴越，下臨房、心、尾、箕四宿。它包含十九個星座。正星八十七顆，增星一百七十三顆。"（陳遵嬀：《中國天文學史》，第301頁）其十九個星座如下：左垣、右垣、市樓、車肆、宗正、宗人、宗、帛度、屠肆、候、帝座、宦者、列肆、斗、斛、貫索、七公、天紀、女床。

離珠五星，在須女北，須女之藏府，女子之星也。天津九星，横河中，一曰天漢，一曰天江，主四瀆津梁，所以度神通四方也。一星不備，津關道不通。

騰蛇二十二星，在營室北，天蛇也，主水蟲。王良五星，在奎北，居河中，天子奉車御官也。[1]其四星曰天駟，旁一星曰王良，亦曰天馬。其星動，爲策馬，車騎滿野。[2]亦曰梁，爲天橋，主禦風雨水道，故或占車騎，或占津梁。客星守之，橋不通道。前一星曰策星，王良之御策也，主天子之僕，在王良旁。若移在馬後，[3]是謂策馬，則車騎滿野。閣道六星，在王良前，飛道也。從紫宫至河，神所乘也，一曰，閣道星，天子游别宫之道也。傳路一星，在閣道南，旁别道也。東壁北十星曰天厩，主馬之官，若今驛亭也，主傳令置驛，逐漏馳騖，謂其行急疾，與晷漏競馳也。

[1]奉車御官：官，原本、宋本作"宫"，殿本作"官"，據殿本改。

[2]爲策馬，車騎滿野：原本、宋本、殿本作"爲策馬策車騎

滿野"，據中華本改。

[3]移在馬後：原本、宋本、殿本"在"下有"王良前居"四字，據中華本校勘記删。

天將軍十二星，在婁北，主武兵。中央大星，天之大將也。南一星曰軍南門，主誰何出入。太陵八星在胃北，亦曰積京，主大喪也。積京中星衆，則諸侯有喪，民多疾，兵起。太陵中一星曰積尸，明則死人如山。北九星曰天船，一曰舟星，所以濟不通也。中一星曰積水，候水災。昴西二星曰天街，三光之道，主伺候關梁中外之境。卷舌六星，在昴北，主口語，以知佞讒也。曲，吉；直而動，天下有口舌之害。中一星曰天讒，[1]主巫醫。

[1]中一星曰天讒：原本、宋本、殿本無"星"字，據中華本補。

五車五星，三柱九星，在畢北。五車者，五帝車舍也，[1]五帝坐也，主天子五兵，一曰主五穀豐耗。西北大星曰天庫，主太白，主秦。次東北星曰獄，主辰星，主燕、趙。次東星曰天倉，主歲星，主魯、衛。次東南星曰司空，主鎮星，[2]主楚。次西南星曰卿星，主熒惑，主魏。五星有變，皆以其所主占之。[3]三柱一曰三泉。天子得靈臺之禮，則五車、三柱均明有常。其中五星曰天潢。天潢南三星曰咸池，魚囿也。月、五星入天潢，兵起，道不通，天下亂。

[1]五帝車舍也：車，原本、宋本作“軍”，殿本作“車”，據殿本改。

[2]鎮星：殿本作“填星”。

[3]皆以其所主占之：原本、宋本無“主”字，殿本有，據殿本補。

五車南六星曰諸王，察諸侯存亡。其西八星曰八穀，主候歲。八穀一星亡，一穀不登。天關一星，在五車南，亦曰天門，日月之所行也，主邊事，主關閉。芒角，有兵。五星守之，貴人多死。

東井鉞前四星曰司怪，主候天地、日月、星辰變異及鳥獸、草木之妖，明主聞灾，修德保福也。司怪西北九星曰坐旗，君臣設位之表也。坐旗西四星曰天高，臺榭之高，主遠望氣象。天高西一星曰天河，主察山林妖變。南河、北河各三星，夾東井。一曰天高，天之闕門也，[1]主關梁。南河曰南戍，一曰南宫，一曰陽門，一曰越門，一曰權星，主火。北河曰北戍，一曰北宫，一曰陰門，一曰胡門，一曰衡星，主水。兩河戍間，日、月、五星之常道也。河戍動摇，中國兵起。南河南三星曰闕丘，主宫門外象魏也。五諸侯五星，在東井北，主刺舉，戒不虞。又曰理陰陽，察得失。亦曰主帝心。一曰帝師，二曰帝友，三曰三公，四曰博士，五曰太史，此五者常爲帝定疑議。星明大潤澤，則天下大治；芒角，則禍在中。五諸侯南三星曰天樽，主盛饘粥以給貧餒。積水一星，在北河西北，水河也，所以供酒食之正也。積薪一星在積水東北，供庖厨之正也。水位四星，在積薪東，主水衡。客星若水火守犯之，百川流溢。

[1]天之闗門：原本、宋本、殿本無“天”字，據中華本校勘記補。

軒轅十七星，在七星北。軒轅，黄帝之神，黄龍之體也；后妃之主，士職也。一曰東陵，一曰權星，主雷雨之神。南大星，女主也。次北一星，夫人也，屏也，上將也。次北一星，妃也，次將也。其次諸星，皆次妃之屬也。女主南小星，女御也。左一星少民，后宗也。右一星大民，太后宗也。欲其色黄小而明也。軒轅右角南三星曰酒旗，酒官之旗也，主饗宴飲食。五星守酒旗，天下大酺，有酒肉財物，賜若爵宗室。酒旗南三星曰天相，丞相之象也。軒轅西四星曰爟，爟者，烽火之爟也，邊亭之警候。

爟北四星曰内平，平罪之官，明刑罰。少微四星在太微西，士大夫之位也。一名處士，亦天子副主，或曰博士官，一曰主衛掖門。南第一星處士，第二星議士，第三星博士，第四星大夫。明大而黄，則賢士舉也。月、五星犯守之，[1]處士、女主憂，宰相易。南四星曰長垣，主界域及胡夷。熒惑入之，胡入中國；太白入之，九卿謀。[2]

[1]五星犯守之：殿本無“守”字。

[2]《晋書·天文志》《隋書·天文志》分屬中宫的河鼓、軒轅、天將軍、五車等星官，實際並不在三垣的範圍之内。

二十八舍[1]

東方。角二星爲天關，其間天門也，其内天庭也。故黄道經其中，七曜之所行也。左角爲天田，爲理，主刑；其南爲太陽道。右角爲將，主兵；其北爲太陰道。[2]蓋天之三門，猶房之四表。其星明大，王道太平，賢者在朝；動摇移徙，王者行。

[1]古人觀測天象，都以二十八宿爲基礎。宿又稱舍。它們的名稱是：東方蒼龍七宿：角、亢、氐、房、心、尾、箕；北方玄武七宿：斗、牛、女、虚、危、室、壁；西方白虎七宿：奎、婁、胃、昴、畢、觜、參；南方朱雀七宿：井、鬼、柳、星、張、翼、軫；

[2]“其南爲太陽道”及“其北爲太陰道”：中國古代盛行陰陽學説，任何事物都可以用陰陽來解釋。凡太陽經過的道路，其北爲陰，南爲陽，陰處爲陰間，其道路稱爲陰道，南則相反。按陰陽學説，陰爲雨、爲濕，陽爲乾、爲晴。星占學上正是根據這種觀念建立他們的占語。下文房四星之“太陽”“太陰”同。

亢四星，天子之内朝也，總攝天下奏事，聽訟理獄録功者也。一曰疏廟，主疾疫。星明大，輔納忠，天下寧。

氐四星，王者之宿宫，后妃之府，休解之房。前二星，適也；後二星，妾也。後二星大，則臣奉度。

房四星，爲明堂，天子布政之宫也，亦四輔也。下第一星，上將也；次，次將也；次，次相也；上星，上相也。南二星君位，北二星夫人位。又爲四表，中間爲天衢，爲天關，黄道之所經也。[1]南間曰陽環，其南曰太陽；北間曰陰間，其北曰太陰。七曜由乎天衢，則天下平和；由陽道則旱喪；由陰道則水兵。亦曰天駟，[2]爲天馬，主車駕。南星曰左驂，次左服，次右服，次右驂。亦曰天厩，又主開閉，爲畜藏之所由也。房星明，則王者明；驂星大，則兵起；星離，民流。又北二小星曰鈎鈐，房之鈐鍵，天之管籥，主閉鍵天心也。[3]明而近房，天下同心。房、鈎鈐間有星及疏坼，[4]則地動河清。

[1]中間爲天衢，爲天關，黄道之所經也：黄道正好在角宿和亢宿中間通過，而日、月、五星又都循黄道遠行，成爲通道，故這里稱爲天衢爲天關。衢，四通八達的道路。

[2]亦曰天駟：房星爲天駟。駟，一車套四馬或四馬套一車之稱呼。驂，一車駕三馬。由於古代馬是用於車戰的，故馬車常與戰争聯繫在一起。

[3]房之鈐鍵，天之管籥，主閉鍵天心也：鈐鍵，即鎖鑰，房星之北小星又稱鈎鈐，故稱天之鎖鑰，主管鎖住天心。

[4]房、鈎鈐間：原本、宋本、殿本無“房”字，據中華本補。

心三星，天王正位也。中星曰明堂，天子位，爲大辰，主天下之賞罰。天下變動，心星見祥。星明大，天下同。前星爲太子，後星爲庶子。心星直，則王失勢。[1]

[1]則王失勢：王，宋本作“主”。

尾九星，後宫之場，妃后之府。上第一星，后也；次三星，夫人；次星，嬪妾。[1]第三星傍一星名曰神宫，解衣之内室。尾亦爲九子，星色欲均明，大小相承，則後宫有叙，多子孫。

[1]次星，嬪妾：原本、宋本、殿本作“次星后嬪妾”，據中華本删“后”字。

箕四星，亦後宫妃后之府。亦曰天津，一曰天鷄，主八風。凡日月宿在箕、東壁、翼、軫者，風起。又主口舌，主客蠻夷胡貊；故蠻胡將動，先表箕焉。[1]

[1]陳遵嬀總結東方七宿：“共計四十六個星座，正星一百八十六顆，增星一百六十八顆。”“《晋書·天文志》不把天門到南門六座列在二十八宿里面”，“不把折威、頓頑列爲二十八宿’，“没把龜、傅説、魚列爲二十八宿内”，“没有把糠、杵列在二十八宿内”。（陳遵嬀：《中國天文學史》，第337—347頁）［參見圖7。參陳遵嬀《中國天文學史》第270頁“東官（赤道星圖）”繪］

北方。南斗六星，天廟也，丞相、太宰之位，主褒賢進士，禀授爵禄。又主兵，一曰天機。南二星魁，天梁也。中央二星，天相也。北二星，天府庭也，亦爲壽命之期也。將有天子之事，占於斗。斗星盛明，王道平和，爵禄行。

牽牛六星，天之關梁，主犧牲事。其北二星，一曰即路，一曰聚火，又曰，上一星主道路，次二星主關

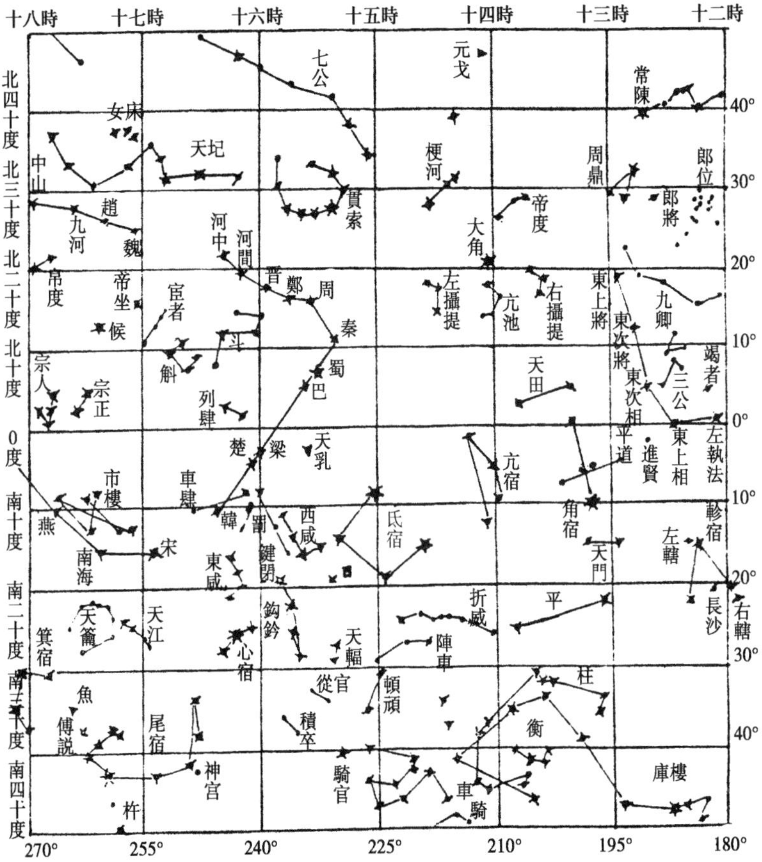

圖 7　東方蒼龍七宿示意圖

梁，次三星主南越。摇動變色則占之。星明大，王道昌，關梁通。

須女四星，天少府也。須，賤妾之稱，婦職之卑者也，主布帛裁製嫁娶。

虚二星，冢宰之官也，主北方邑居廟堂祭祀祝禱事，又主死喪哭泣。

危三星，主天府天市架屋，餘同虚占。墳墓四星，屬危之下，主死喪哭泣，爲墳墓也。

營室二星，天子之宫也。[1]一曰玄宫，一曰清廟，又爲軍糧之府及土功事。星明，國昌；小不明，祠祀鬼神不享。離宫六星，天子之别宫，主隱藏休息之所。

[1]天子之宫也：宫，原本作“官”，宋本、殿本作“宫”，據宋本、殿本改。

東壁二星，主文章，天下圖書之秘府也。星明，王者興，道術行，國多君子；星失色，大小不同，王者好武，經士不用，[1]圖書隱；星動，則有土功。[2]

[1]經士不用：飽學之士不得重用。

[2]陳遵嬀總結北方七宿："共有六十五個星座，正星四百零八顆，增星四百零七顆。""《晋志》則以離珠、天津二座屬天市垣，扶筐屬太微垣。""《晋志》没有人及車府二座。""《晋志》没有雷電、鈇鉞、土公吏三座，而壘壁陣、羽林軍、北落師門、天綱四座，不列在二十八宿内。""没有霹靂、雲雨二座，而以天廄屬天市垣。"（陳遵嬀：《中國天文學史》，第347—361頁）［參見圖8。參陳遵嬀《中國天文學史》第279頁"北宫（赤道星圖）"繪］

西方。奎十六星，天之武庫也。一曰天豕，亦曰封豕。主以兵禁暴，又主溝瀆。西南大星，所謂天豕目，亦曰大將，欲其明。

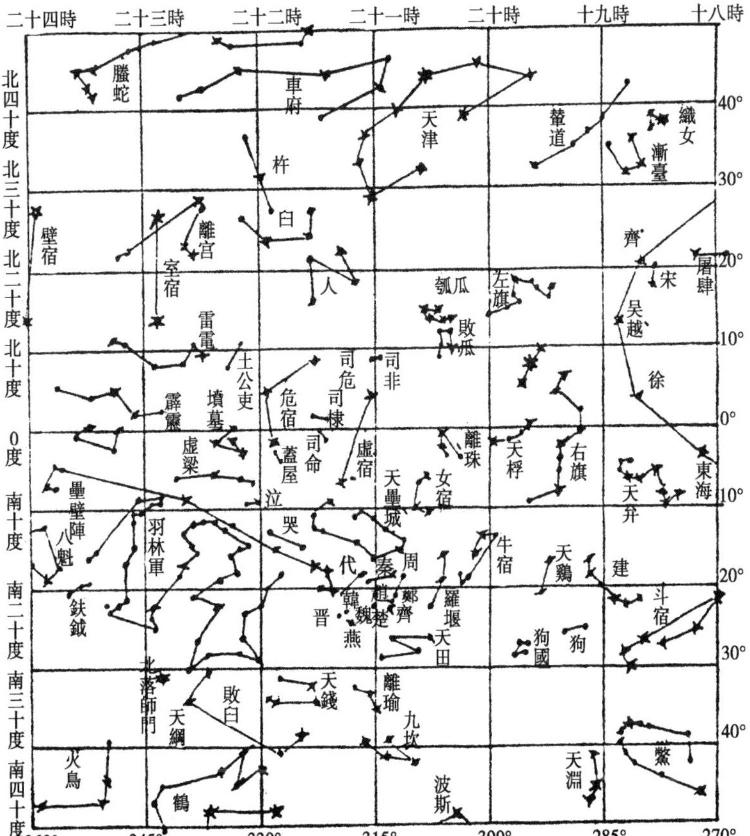

圖 8　北方玄武七宿示意圖

婁三星，爲天獄，主苑牧犧牲，供給郊祀。

胃三星，[1]天之厨藏，主倉廩，五穀府也，明則和平。

[1]胃三星：三，殿本作“二”。

昴七星，天之耳目也，[1]主西方，主獄事。又爲旄頭，胡星也。昴、畢間爲天街，天子出，旄頭罕畢以前驅，此其義也。黄道之所經也。昴明，則天下牢獄平。昴六星皆明，與大星等，大水。七星皆黄，兵大起。一星亡，爲兵喪。摇動，有大臣下獄，及有白衣之會。大而數盡動若跳躍者，胡兵大起。

[1]天之耳目也：原本、宋本、殿本無"目"字，據中華本補。

畢八星，主邊兵，主弋獵。其大星曰天高，一曰邊將，主四夷之尉也。星明大，則遠夷來貢，天下安；失色，則邊兵亂。附耳一星，在畢下，主聽得失，伺愆邪，察不祥。星盛，則中國微，有盜賊，邊候驚，外國反；移動，佞讒行。月入畢，多雨。

觜觿三星，爲三軍之候，行軍之藏府，主葆旅，[1]收斂萬物。明則軍儲盈，將得勢。

[1]主葆旅：原本、宋本、殿本無"主"字，據中華本補。

參十星，一曰參伐，一曰大辰，一曰天市，一曰鈇鉞，主斬刈。又爲天獄，主殺伐。又主權衡，所以平理也。又主邊城，爲九譯，故不欲其動也。參，白獸之體。[1]其中三星横列，三將也。東北曰左肩，主左將；西北曰右肩，主右將；東南曰左足，主後將軍；西南曰右足，主偏將軍。故《黄帝占》參應七將。[2]中央三小星曰伐，天之都尉也，主胡、鮮卑、戎、狄之國，故不欲明。七將皆明大，天下兵精也。王道缺則芒角張。[3]伐星明與參等，大臣皆謀，兵起。參星失色，軍散敗。參芒角動摇，邊候有急，兵起，有斬伐之事。參星移，客伐主。參左足入玉井中，兵大起，秦大水，若有喪，山石爲怪。參星差戾，王臣貳。[4]

[1]白獸之體：即白虎之體。《史記·天官書》："參爲白虎。"

[2]參應七將：七，原本、宋本作"士"，殿本作"七"，據殿本改，以對應上文所列七將之數。下文"七將皆明大"亦將原本、宋本"士"改爲"七"。

[3]王道缺：王，宋本作"主"。

[4]參星差戾，王臣貳：即參星錯位，王臣二心。以上爲西方白虎七宿内容，陳遵嬀總結説：西方七宿，"共有五十四個星座，正星二百九十七顆，增星四百十顆"。"《晋志》以軍南門、閣道、附路、王良、策五座屬天市垣。""《晋志》稱天倉、天庾在二十八宿之外，而以天大將軍屬天市垣。""以大陵、天船、積尸、積水四座屬天市垣，天廪、天囷二座列二十八宿外。""把天阿、卷舌、天讒三座列天市垣，天苑列在二十八宿外，還不載月、天陰、芻藁、礪石四座。""《晋志》稱玉井在參左足，軍井在玉井南。""《晋志》不載屏、厠、屎三座。"（陳遵嬀：《中國天文學史》，第361—374頁）［參見圖9。參陳遵嬀《中國天文學史》第276頁"西官（赤道星圖）"繪］

南方。東井八星，天之南門，黄道所經，天之亭候，主水衡事，法令所取平也。王者用法平，則井星明而端列。鉞一星，附井之前，主伺淫奢而斬之。故不欲

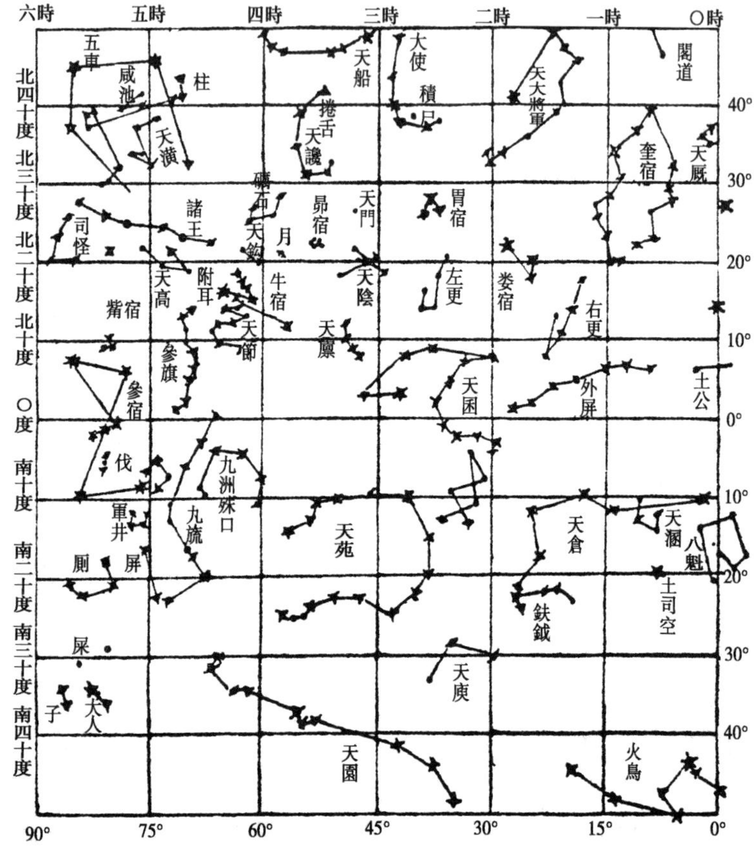

圖 9　西方白虎七宿示意圖

其明，明與井齊，則用鉞於大臣。月宿井，有風雨。

輿鬼五星，天目也，主視，明察奸謀。東北星主積馬，東南星主積兵，西南星主積布帛，西北星主積金玉，隨變占之。中央星爲積尸，主死喪祠祀。一曰鈇鑕，主誅斬。鬼星明，大穀成；不明，百姓散。鑕欲其忽忽不明，[1]明則兵起，大臣誅。

[1]忽忽不明：殿本“不”上有“然”字。

柳八星，天之厨宰也，主尚食，和滋味，又主雷雨。

七星七星，一名天都，主衣裳文綉，又主急兵盜賊。故星明王道昌；暗則賢良不處，天下空。

張六星，主珍寶、宗廟所用及衣服，又主天厨飲食賞賚之事。星明則王者行五禮，得天之中。

翼二十二星，天之樂府，主俳倡戲樂，[1]又主夷狄遠客、負海之賓。星明大，禮樂興，四夷賓。動則蠻夷使來，離徙則天子舉兵。

[1]主俳倡戲樂：此五字原本、宋本、殿本祇作“俳倡”二字，據中華本校勘記補。

軫四星，主冢宰，輔臣也；主車騎，主載任。有軍出入，皆占於軫。又主風，主死喪。軫星明，則車駕備；動則車駕用。轄星傳軫兩傍，主王侯，左轄爲王者同姓，右轄爲异性。星明，兵大起。遠軫，凶。轄舉，南蠻侵。長沙一星，在軫之中，主壽命。明則主壽長，子孫昌。又曰，車無轄，國有憂；軫就聚，兵大起。[1]

[1]陳遵嬀總結南方七宿説：“共有四十二個星座，正星二百四十五顆，增星三百三十一顆。”“《晋志》以爟屬天市垣，外厨、天

記均列在柳南。”“《晉志》以酒旗在天市垣。”“《晉書》以内平屬天市垣。”“没有載及明堂。”對於天廟，“《晉書》雖把它列在二十八宿外，但亦稱在張宿南”。對於東甌，“《晉志》列在二十八宿之外”，“《晉志》以左右轄、長沙附於軫。”（陳遵嬀：《中國天文學史》，第 374—384 頁）［參見圖 10。參陳遵嬀《中國天文學史》第 272 頁“南官（赤道星圖）”繪］

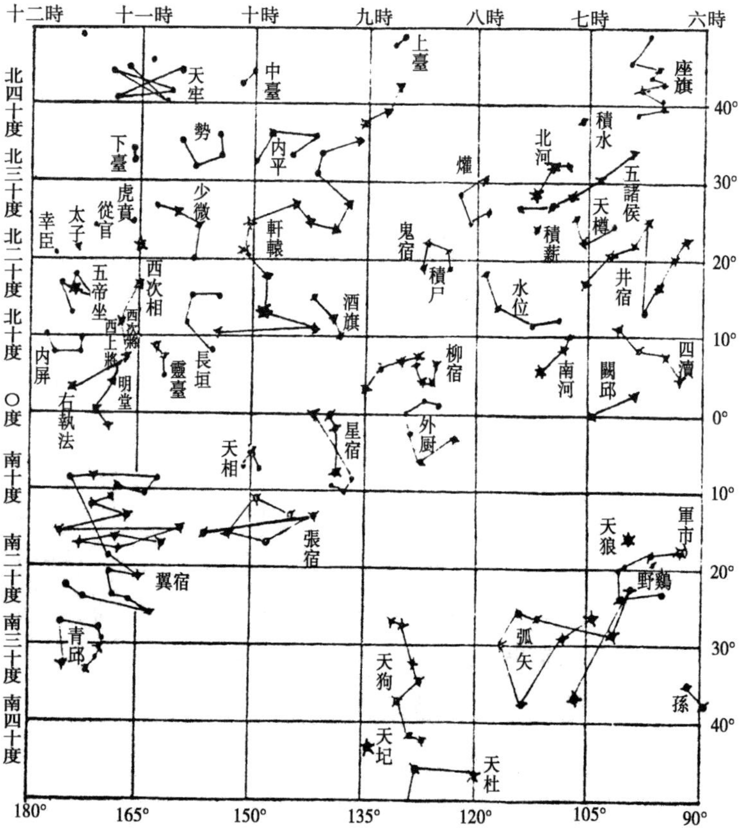

圖 10　南方朱雀七宿示意圖

星官在二十八宿之外者[1]

庫樓十星，六大星爲庫，南四星爲樓，在角南。一曰天庫，兵車之府也。旁十五星三三而聚者，柱也。中央四小星，衡也，[2]主陳兵。東北二星曰陽門，主守隘塞也。南門二星，在庫樓南，天之外門也，主守兵。平星二星，在庫樓北，平天下之法獄事，廷尉之象也。天門二星，在平星北。

[1]星官在二十八宿之外者："外者"有兩層含義，一是不屬於二十八宿範圍之内的附星，二是在二十八宿之南的星宿。在星象觀念上，以北爲内，以南爲外。

[2]衡：原本、宋本作"街"，殿本作"衡"，據殿本改。

亢南七星曰折威，主斬殺。頓頑二星，在折威東南，主考囚情狀，察詐僞也。

騎官二十七星，在氐南，若天子武賁，主宿衛。東端一星騎陣將軍，騎將也。南三星車騎，車騎之將也。[1]陣車三星，在騎官東北，革車也。

[1]車騎之將也：原本、宋本、殿本無"車"字，據中華本補。

積卒十二星，在房心南，主爲衛也。他星守之，近臣誅。從官二星，在積卒西北。

龜五星，在尾南，主卜以占吉凶。[1]傅説一星，在尾後。傅説主章祝，巫官也。魚一星，在尾後河中，主陰事，知雲雨之期也。

[1]主卜以占吉凶：原本、宋本、殿本作“主占以吉凶”，據中華本改。

杵三星，在箕南，杵給庖舂。客星入杵臼，[1]天下有急。糠星在箕舌前杵西北。

[1]客星入杵臼：臼，殿本作“日”。

鱉十四星，在南斗南。鱉爲水蟲，歸太陰。有星守之，白衣會，主有水令。農丈人一星，在南斗西南，老農主穡也。狗二星，在南斗魁前，主吠守。

天田九星，在牛南。羅堰九星，在牽牛東，岠馬也，以壅蓄水潦，灌溉溝渠也。九坎九星，在牽牛南。坎，溝渠也，所以導達泉源，疏盈瀉溢，通溝洫也。九坎間十星曰天池，一曰三池，一曰天海，主灌溉田疇事。

虚南二星曰哭，哭東二星曰泣，泣、哭皆近墳墓。泣南十三星曰天壘城，如貫索狀，主北夷丁零、匈奴。南二星曰蓋屋，治宫室之官也。其南四星曰虚梁，園陵寢廟之所也。

羽林四十五星，在營室南，一曰天軍，主軍騎，又主翼王也。壘壁陣十二星，在羽林北，羽林之垣壘也，主軍衛，[1]爲營壅也。五星有在天軍中者，皆爲兵起，熒惑、太白、辰星尤甚。北落師門一星，在羽林西南。

北者，宿在北方也；落，天之藩落也；師，衆也；師門，猶軍門也。長安城北門曰北落門，以象此也。主非常以候兵。有星守之，虜入塞中，兵起。其西北有十星，曰天錢。北落西南一星曰天綱，主武帳。北落東南九星曰八魁，主張禽獸。[2]

[1]主軍衛：衛，原本、宋本作“位”，殿本作“衛”，據殿本改。

[2]主張禽獸：反映在張網捕禽獸上。

天倉六星，在婁南，倉穀所藏也。南四星曰天庾，積厨粟之所也。

天囷十三星，在胃南。囷，倉廩之屬也，主給御糧也。

天廩四星在昴南，一曰天廥，主蓄黍稷以供饗祀；《春秋》所謂御廩，此之象也。[1]天苑十六星，在昴畢南，[2]天子之苑囿，養獸之所也。苑南十三星曰天園，植果菜之所也。

[1]此之象也：象，殿本作“謂”。

[2]在昴畢南：原本、宋本、殿本無“在”字，據中華本補。

畢附耳南八星曰天節，主使臣之所持者也。天節下九星曰九州殊口，曉方俗之官，通重譯者也。[1]

[1]曉方俗之官，通重譯者：曉方俗，熟悉知曉地方風俗。通

重譯，通曉能够作二次語言翻譯者。是説九州殊口這個官員熟悉各邊遠地區、少數民族的風俗習慣，能够作兩次翻譯。九州，指神州的各個地區。殊口，指不同語言。

參旗九星在參西，一曰天旗，一曰天弓，主司弓弩之張，候變禦難。玉井四星，在參左足下，主水漿以給厨。西南九星曰九游，天子之旗也。玉井東南四星曰軍井，行軍之井也。軍井未達，將不言渴，名取此也。軍市十三星在參東南，天軍貿易之市，使有無通也。野鷄一星，主變怪，在軍市中。軍市西南二星曰丈人，丈人東二星曰子，子東二星曰孫。

東井西南四星曰水府，主水之官也。東井南垣之東四星曰四瀆，[1]江、河、淮、濟之精也。狼一星，在東井東南。狼爲野將，主侵掠。色有常，不欲動也。北七星曰天狗，主守財。弧九星，在狼東南，天弓也，主備盜賊，常向於狼。弧矢動移不如常者，多盜賊，胡兵大起。狼弧張，[2]害及胡，天下乖亂。又曰，天弓張，天下盡兵。弧南六星爲天社，昔共工氏之子句龍，能平水土，故祀以配社，其精爲星。老人一星，在弧南，一曰南極，常以秋分之旦見於丙，[3]春分之夕而没於丁。見則治平，主壽昌，常以秋分候之南郊。

[1]曰四瀆：原本、宋本、殿本無“曰”字，據中華本補。

[2]狼弧張：張，張弓，指箭在弦上。下文“天弓張”，是指天弓伸張。

[3]見於丙：丙，原本作“景”，“景”爲“丙”的避諱用字。

本志下文凡諱“丙”而用“景”字者，均徑改爲本字“丙”，不再出注。

柳南六星曰外厨。厨南一星曰天紀，主禽獸之齒。

稷五星，在七星南。稷，農正也，取乎百穀之長以爲號也。[1]

［1］取乎百穀之長：乎，原本、宋本、殿本作“平”，據中華本改。

張南十四星曰天廟，天子之祖廟也。客星守之，祠官有憂。

翼南五星曰東區，[1]蠻夷星也。

［1］東區：區，殿本作“甌”。

軫南三十二星曰器府，樂器之府也。青丘七星，在軫東南，蠻夷之國號也。青丘西四星曰土司空，主界域，亦曰司徒。土司空北二星曰軍門，主營候彪尾威旗。

天漢起没[1]

天漢起東方，經尾箕之間，[2]謂之漢津。[3]乃分爲二道，其南經傅説、魚、天籥、天弁、河鼓，其北經龜，貫箕下，次絡南斗、魁、左旗，至天津下而合南道。[4]乃西南行，又分夾匏瓜，絡人星、杵、造父、騰蛇、王良、傳路、閣道北端、太陵、天船、卷舌而南行，[5]絡五車，經北河之南，入東井水位而東南行，絡南河、闕丘、天狗、天紀、天稷，在七星南而没。

［1］天漢起没：天漢，即銀河。起没，就字面含義而言，就是起始和消失。實際上，銀河是斜繞天球的一個大圓，有較明亮的部分，也有相對較暗的部分，但整個大圓的軌迹還是可以看得出來的。由於其南部隱没在恒隱圈之下，故從星圖上看，這條光帶有起始和消失之處。

［2］尾箕之間：箕，原本作“旗”，宋本、殿本作“箕”，據宋本、殿本改。

［3］漢津：銀河的渡口。天津指天河的渡口，漢津、天津，是銀河邊兩個不同渡口，一在箕宿，一在女宿。

［4］“分爲二道”至“至天津下而合南道”：銀河從赤道附近的蛇夫座算起，經過天鷹、天琴、天鵝、仙王、仙后、英仙、金牛、雙子、獵户、麒麟、大犬、南船、半人馬、南十字、豺狼、矩尺、天蝎、人馬等星座。從天鵝到半人馬座，夾着不規則的暗雲，分成兩條並行的光帶，稱爲南、北兩道。

［5］傳路：傳，原本、宋本作“傳”，殿本作“傅”，據殿本改。

十二次度數[1]

十二次，班固取《三統曆》十二次配十二野，其言最詳。又有費直説《周易》、蔡邕《月令章句》，所言頗有先後。魏太史令陳卓更言郡國所入宿度，今附而次之。

［1］十二次度數：就内容看，該標題不完整，應爲“十二次起迄及分野”。十二次，又稱“十二星次”，是當時十二個季節月份太陽所在的起迄度數。由於歲差原因，不同時代之起迄度數不同。此爲魏太史令陣卓所測。分野之説，按《漢書·天文志》。此處所列之分野，是指春秋時國家之分野，後面注明所屬晋州郡。

自軫十二度至氐四度爲壽星，於辰在辰，鄭之分野，屬兖州。費直《周易分野》，壽星起軫七度。蔡邕《月令章句》，壽星起軫六度。

自氐五度至尾九度爲大火，於辰在卯，宋之分野，屬豫州。費直，起氐十一度。蔡邕，起亢八度。[1]

［1］此處載十二次起自大火，是出身二十八宿起自東方七宿。還有一種排列方式是起自子月，十二次順序爲：玄枵、星紀、析木、大火、壽星、鶉尾、鶉火、鶉首、實沈、大梁、降婁、諏訾。

自尾十度至南斗十一度爲析木，於辰在寅，燕之分野，屬幽州。費直，起尾九度。蔡邕，起尾四度。

自南斗十二度至須女七度爲星紀，於辰在丑，吴越之分野，屬揚州。費直，起斗十度。蔡邕，起斗六度。

自須女八度至危十五度爲玄枵，於辰在子，齊之分野，屬青州。費直，起女六度。蔡邕，起女二度。

自危十六度至奎四度爲諏訾，於辰在亥，衛之分野，屬并州。費直，起危十四度。蔡邕，起危十度。

自奎五度至胃六度爲降婁，於辰在戌，魯之分野，屬徐州。費直，起奎二度。蔡邕，起奎八度。

自胃七度至畢十一度爲大梁，於辰在酉，趙之分野，屬冀州。費直，起婁十度。蔡邕，起胃一度。

自畢十二度至東井十五度爲實沈，於辰在申，魏之分野，屬益州。費直，起畢九度。蔡邕，起畢六度。

自東井十六度至柳八度爲鶉首，於辰在未，秦之分野，屬雍州。費直，起井十二度。蔡邕，起井十度。

自柳九度至張十六度爲鶉火，於辰在午，周之分野，屬三河。費直，起柳五度。蔡邕，起柳三度。

自張十七度至軫十一度爲鶉尾，於辰在巳，楚之分野，屬荆州。費直，起張十三度。[1]蔡邕，起張十二度。

[1]起張十三度：三，原本、宋本作“二”，殿本作“三”，據殿本改。以與後文“蔡邕，起張十二度”區分。

州郡躔次[1]

陳卓、范蠡、鬼谷先生、張良、諸葛亮、譙周、京房、張衡並云：

角、亢、氐，鄭，兖州：

東郡入角一度，

東平、任城、山陽入角六度，[2]

泰山入角十二度，

濟北、陳留入亢五度，

濟陰入氐一度，

東平入氐七度。

房、心，宋，豫州：

潁川入房一度，

汝南入房二度，
沛郡入房四度，
梁國入房五度，
淮陽入心一度，
魯國入心三度，
楚國入房四度。

尾、箕，燕，幽州：

涼州入箕中十度，
上谷入尾一度，
漁陽入尾三度，
右北平入尾七度，[3]
西河、上郡、北地、遼西東入尾十度，
涿郡入尾十六度，
渤海入箕一度，
樂浪入箕三度，
玄菟入箕六度，
廣陽入箕九度。

斗、牽牛、須女，吴、越，揚州：

九江入斗一度，
廬江入斗六度，
豫章入斗十度，
丹楊入斗十六度，
會稽入牛一度，
臨淮入牛四度，
廣陵入牛八度，

泗水入女一度

六安入女六度。

虛、危，齊，青州：

齊國入虛六度，

北海入虛九度，

濟南入危一度，

樂安入危四度，

東萊入危九度，

平原入危十一度，

菑川入危十四度。

營室、東壁，衛，并州：

安定入營室一度，

天水入營室八度，

隴西入營室四度，

酒泉入營室十一度，

張掖入營室十二度，

武都入東壁一度，

金城入東壁四度，

武威入東壁六度，

敦煌入東壁八度。

奎、婁、胃，魯，徐州：

東海入奎一度，

琅邪入奎六度，

高密入婁一度，

城陽入婁九度，

膠東入胃一度。

昴、畢，趙，冀州：

魏郡入昴一度，

鉅鹿入昴三度，

常山入昴五度，

廣平入昴七度，

中山入昴一度，

清河入昴九度，

信都入畢三度，

趙郡入畢八度，

安平入畢四度，

河間入畢十度，

真定入畢十三度。

觜、參，魏，益州：

廣漢入觜一度，

越嶲入觜三度，

蜀郡入參一度，

犍爲入參三度，

牂柯入參五度，

巴郡入參八度，

漢中入參九度，

益州入參七度。

東井、輿鬼，秦，雍州：

雲中入東井一度，

定襄入東井八度，

　　雁門入東井十六度，
　　代郡入東井二十八度，
　　太原入東井二十九度，
　　上黨入輿鬼二度。
柳、七星、張，周，三輔：
　　弘農入柳一度，
　　河南入七星三度，
　　河東入張一度，
　　河内入張九度。[4]
翼、軫，楚，荆州：
　　南陽入翼六度，
　　南郡入翼十度，
　　江夏入翼十二度，
　　零陵入軫十一度，[5]
　　桂陽入軫六度，
　　武陵入軫十度，
　　長沙入軫十六度。

[1]州郡躔次：就以下内容來看，此標題亦不够準確，文中没有涉及次，怎麽標題能叫躔次呢？故正確的標題當爲“州郡躔二十八宿度數”。將州郡分配於二十八宿的方法，《隋書·天文志》以後不再使用，它衹是十二次分野的進一步擴大。

[2]山陽：原本、宋本、殿本作“山陰”，據中華本改。

[3]右北平：宋本作“右平北”。

[4]河内：殿本作“河南”。

[5]零陵：宋本作“武陵”。

晋書　卷一二

志第二

天文中

七曜　雜星氣 瑞星 妖星 客星 流星 雲氣 十輝 雜氣
史傳事驗 天變 日蝕 月變 月奄犯五緯 五星聚舍[1]

七曜

日爲大陽之精，主生養恩德，人君之象也。[2]人君有瑕，必露其慝以告示焉。故日月行有道之國則光明，人君吉昌，百姓安寧。[3]人君乘土而王，其政太平，則日五色無主。[4]日變色，有軍，軍破；無軍，喪侯王。其君無德，其臣亂國，則日赤無光。日失色，所臨之國不昌。日晝昏，行人無影，到暮不止者，上刑急，下不聊生，不出一年有大水。日晝昏，烏鳥群鳴，國失政，日中烏見，主不明，爲政亂，國有白衣會，將軍出，旌旗舉。日中有黑子、黑氣、黑雲，乍三乍五，臣廢其主。日蝕，陰侵陽，臣掩君之象，有亡國。[5]

［1］原本、宋本、殿本卷首目録無瑞星、妖星、天變、日蝕、月變、月奄犯五緯、五星聚舍等，據原本正文小標題及中華本目録補。

［2］“日爲大陽之精”至“人君之象也”：楊泉《物理論》曰：“日者，天陽之精。”張衡《靈憲》曰：“日者，陽精之宗。”劉向《洪範傳》曰：日者，“群陽之精，衆貴之象也”。故此處的“日爲大陽之精”和下文的“月爲太陰之精”，其義爲天地間存有陰陽二氣，陽氣之精形成日，陰氣之精形成月。日象徵君主，月象徵女主。

［3］“故日月行”至“百姓安寧”：《黄帝占》曰：“有道之國，日月過之即明。人君昌吉，人民安寧。”日月行有道之國則光明，宋本無“之”字。

［4］“人君乘土而王”至“五色無主”：《禮斗威儀》曰：“君乘土而王，其政太平，則日五色無主。”宋均曰：“五行之色，不主於一也。”又《孝經古秘》曰：“日和五色，君有德。”京房《易傳》曰：“日者，衆陽之精，内明玄黄，五色無主，以象人君光照無主，不可以色名也。”“聖主在上，則日五色備。”這句話是説，君主有德，則五色齊備。不主於一，即不顯示出某種日光來，爲純白色光。“人君乘土而王”，是將五行相勝的理論用於改朝换代。土代水德，人君便乘土而王。周爲火德，因秦統一時短，是否算爲一代各説不一，勝火者水，故一説秦水德，一説漢水德。由此一説漢土德，一説魏土德。

［5］以上都是日色有變异者，故星占家借以立廢主亡國之占語。

月爲太陰之精，以之配日，女主之象；以之比德，刑罰之義；列之朝廷，諸侯大臣之類。故君明，則月行依度；臣執權，則月行失道；大臣用事，兵刑失理，則月行乍南乍北；女主外戚擅權，則或進或退。月變色，將有殃。月晝明，奸邪並作，君臣争明，女主失行，陰國兵强，中國飢，天下謀僭。數月重見，國以亂亡。

歲星曰東方春木，於人，五常，仁也；五事，貌也。[1]仁虧貌失，逆春令，傷木氣，則罰見歲星。歲星盈縮，以其舍命國。[2]其所居久，其國有德厚，五穀豐昌，不可伐。其對爲衝，歲乃有殃。[3]歲星安静中度，吉。盈縮失次，其國有憂，不可舉事用兵。又曰，人主之象也，色欲明，光色潤澤，德合同。又曰，進退如度，奸邪息；變色亂行，主無福。[4]又主福，主大司農，主齊、吴，主司天下諸侯人君之過，主歲五穀。赤而角，其國昌；赤黄而沉，其野大穰。

[1]古代以木、火、金、水、土五星，配仁、義、禮、智、信五常，又配貌、視、言、聽、心五事。認爲五星本身，也包含這些性格。

[2]歲星盈縮，以其舍命國：歲星運行中所停留的星座，以其所對應的國家爲占。歷史上，恒星分野的觀念是發展的，《淮南子·天文訓》載："星部地名：角、亢，鄭；氐、房、心，宋；尾、箕，燕；斗、牽牛，越；須女，吴；虚、危，齊；營室、東壁，衛；奎、婁，魯；胃、昴、畢，魏；觜巂（觿）、参，趙；東井、輿鬼，秦；柳、七星、張，周；翼、軫，楚。"秦漢統一中國後，分天下爲州郡，《史記·天官書》載恒星分野曰："角、亢、氐，兖州；房、心，豫州；尾、箕，幽州；斗，江湖；牽牛、婺女，揚州；虚、危，青州；營室至東壁，并州；奎、婁、胃，徐州；昴、畢，冀州；觜、觿、参，益州；東井、輿鬼，雍州；柳、七星、張，三河；翼、軫，荆州。"當歲星運行到某個星座，其對應的國家或地區，便是歲星所舍之國或所居之地。

［3］“其所居久”至“歲乃有殃”：歲星稱爲德星，其所舍之國有德，五谷豐登，而其對衝的國家有灾殃。所謂對衝，即與所在星座相對衝星座相應的國家。對衝，相隔二十八宿中的十四個星宿，或相隔半周天。

［4］“盈縮失次”至“主無福”：歲星雖爲德星，但還要以占語來判斷吉凶。當其盈縮失次，即本該客其國而移至他處，或即使已舍其國但變色亂行，其國也有憂無福。

熒惑曰南方夏火，禮也，視也。禮虧視失，逆夏令，傷火氣，罰見熒惑。熒惑法使行無常，出則有兵，入則兵散。以舍命國，爲亂爲賊，爲疾爲喪，爲飢爲兵，所居國受殃。環繞鈎己，芒角動摇，變色，乍前乍後，乍左乍右，其爲殃愈甚。其南丈夫、北女子喪。周旋止息，乃爲死喪；寇亂其野，亡地。其失行而速，兵聚其下，順之戰勝。又曰，熒惑主大鴻臚，主死喪，主司空。又爲司馬，主楚、吴、越以南；又司天下群臣之過，司驕奢亡亂妖孽，主歲成敗。又曰，熒惑不動，兵不戰，有誅將。其出色赤怒，逆行成鈎己，戰凶，有圍軍；鈎己，有芒角如鋒刃，人主無出宫，下有伏兵；芒大則人衆怒。又爲理，外則理兵，[1]内則理政，爲天子之理也。故曰，雖有明天子，必視熒惑所在。其入守犯太微、軒轅、營室、房、心，主命惡之。[2]

［1］又爲理，外則理兵：原本作“又爲李，外則李兵”，宋本、殿本作“又爲理，外則理兵”，據宋本、殿本改。

［2］熒惑可稱爲灾星，其所舍之國將受到灾殊，爲賊亂，爲疾喪，爲饑兵，具體視其行度光芒變化爲占。《開元占經》引韓楊曰：

“熒惑入列宿，其國有殃。”“熒惑所止，爲其國君死。”

填星曰中央季夏土，信也，思心也。仁義禮智，[1]以信爲主，貌言視聽，以心爲正，故四星皆失，填乃爲之動。動而盈，侯王不寧。縮，有軍不復。所居之宿，國吉，得地及女子，有福，不可伐；去之，失地，若有女憂。居宿久，國福厚；易則薄。[2]失次而上二三宿曰盈，有主命不成，不乃大水。[3]失次而下曰縮，后戚，其歲不復，不乃天裂若地動。一曰，填爲黄帝之德，女主之象，主德厚安危存亡之機，司天下女主之過。又曰，天子之星也。天子失信，則填星大動。

[1]仁義禮智：仁，原本、宋本作“信”，殿本作“仁”，據殿本改。

[2]“填星日中央夏季土”至“易則薄”：填星，即鎮星，又稱吉星，其所居之宿對應的國家吉利，會獲得土地和女子，有福，不可以討伐。久居則福厚。相反不該去而去之，則福薄，會有失地或有女憂。

[3]大水：原本、宋本作“火水”，殿本作“水火”，據中華本改。

太白曰西方秋金，義也，言也。義虧言失，逆秋令，傷金氣，罰見太白。太白進退以候兵，高埤遲速，[1]静躁見伏，用兵皆象之，吉。其出西方，失行，夷狄敗；出東方，失行，中國敗。未盡期日，過參天，[2]病其對國。若經天，天下革，民更王，是謂亂紀，人衆流亡。晝見，與日争明，强國弱，小國强，女主昌。又曰，太白主大臣，其號上公也，大司馬位謹候此。[3]

[1]高埤遲速：埤，殿本作“卑”。

[2]未盡期日，過參天：日，原本、宋本作“曰”，殿本作“日”，據殿本改。

[3]太白，又稱殺伐之星，或稱禮星。《開元占經》引石申曰：“太白主秋，主西維，主金，主兵，於日主庚辛。主殺，殺失者，罰出太白。太白之失行，是失秋政者也。以其舍命國。”引巫咸曰：“太白主兵革、誅伐，正刑法。”大司馬，爲先秦掌軍政、軍賦的官員。故此處説“太白主大臣”，“大司馬位謹候此”。其一切占事，均與争鬥有關。

辰星曰北方冬水，智也，聽也。智虧聽失，逆冬令，傷水氣，罰見辰星。辰星見，則主刑，主廷尉，主燕、趙，又爲燕、趙、代以北；[1]宰相之象。亦爲殺伐之氣，戰鬥之象。又曰，軍於野，辰星爲偏將之象，無軍爲刑事。和陰陽，應效不效，其時不和。出失其時，寒暑失其節，邦當大飢。當出不出，是謂擊卒，兵大起。在於房、心間，地動。亦曰，辰星出入躁疾，常主夷狄。又曰，蠻夷之星也，亦主刑法之得失。色黄而小，地大動。光明與月相逮，其國大水。[2]

[1]廷尉：秦漢時掌刑獄之官。由於辰星是主刑罰之星，故説主廷尉。　以北：北，原本、宋本作“比”，殿本作“北”，據殿本、中華本校勘記改。

[2]辰星，又稱刑罰之星，所以説其主刑，主廷尉。

凡五星有色，大小不同，各依其行而順時應節。色變有類：凡青皆比參左肩，赤比心大星，黄比參右肩，白比狼星，黑比奎大星。不失本色而應其四時者，吉；色害其行，凶。[1]

[1]這段占語是説，五星各個時節，都有各自的大小和顔色。如果合其本色應順時節變化，那就吉利。其顔色變化不合於四時的法則，那就有凶咎。例如，《史記・天官書》載辰星之色變曰："春，青黄；夏，赤白；秋，青白，而歲熟；冬，黄而不明。即變其色，其時不昌。"

凡五星所出、所行、所直之辰，其國爲得位。得位者，歲星以德，熒惑有禮，填星有福，太白兵强，辰星陰陽和。所行所直之辰，順其色而有角者勝，其色害者敗。居實，有德也；居虚，無德也。色勝位，行勝色，行得盡勝之。營室爲清廟，歲星廟也。心爲明堂，熒惑廟也。南斗爲文太室，填星廟也。亢爲疏廟，太白廟也。七星爲員官，[1]辰星廟也。五星行至其廟，謹候其命。

[1]七星爲員官：官，原本、宋本、殿本作"官"，《史記・天官書》《隋書・天文中》亦作"官"，唯中華本作"宫"。

凡五星盈縮失位，其精降於地爲人。歲星降爲貴臣；熒惑降爲童兒，歌謡嬉戲；填星降爲老人、婦女；太白降爲壯夫，處於林麓盧谷切；辰星降爲婦人。吉凶之應，隨其象告。

凡五星，木與土合，爲内亂，飢；與水合，爲變謀而更事；與火合，爲飢，爲旱；與金合，爲白衣之會，合鬥，國有内亂，野有破軍，爲水。太白在南，歲星在北，名曰牝牡，年穀大熟。太白在北，歲星在南，年或有或無。火與金合，爲爍，[1]爲喪，不可舉事用兵。從軍，爲軍憂；離之，軍却。出太白陰，分宅。出其陽，偏將戰。與土合，爲憂，主孽卿。與水合，爲北軍，用兵舉事大敗。一曰，火與水合，爲焠取内切，[2]不可舉事用兵。土與水合，爲壅沮，不可舉事用兵，有覆軍下師。[3]一曰，爲變謀更事，必爲旱。與金合，爲疾，爲白衣會，爲内兵，國亡地。與木合，國飢。水與金合，爲變謀，爲兵憂。入太白中而上出，破軍殺將，客勝；下出，客亡地。視旗所指，以命破軍。環繞太白，若與鬥，大戰，客勝。凡木、火、土、金與水鬥，皆爲戰。兵不在外，皆爲内亂。凡同舍爲合，相陵爲鬥。二星相近，其殃大；相遠，毋傷，七寸以内必之。[4]

[1]爲爍：殿本無“爲”字。

[2]爲焠：爲，殿本作“曰”。

[3]覆軍下師：下，原本作“六”，宋本、殿本作“下”，據宋本、殿本改。

[4]寸：據前人研究，寸、尺、丈在天空也可作爲弧長的單位，有時以七寸爲一度，但也有以一尺爲一度者。

凡月蝕五星，其國皆亡。歲以飢，熒惑以亂，填以殺，太白以强國戰，辰以女亂。

凡五星入月，歲，其野有逐相；太白，將僇。[1]

[1]月食五星，是月亮擋住五星，而五星入月，爲五星進入月面。實際上，後者是不可能發生的事，衹是上古人們的想象。歲，指木星；太白，指金星；其野有逐相，指發生了驅逐相的政治事件；將僇，指有將軍被殺戮。《漢書·天文志》載月食五星占語，但無五星入月之占文。

凡五星所聚，其國王，[1]天下從。歲以義從，熒惑以禮從，填以重從，[2]太白以兵從，辰以法從，各以其事致天下也。[3]三星若合，是謂驚立絶行，其國外内有兵與喪，百姓飢乏，改立侯王。四星若合，是謂太陽，其國兵喪並起，君子憂，小人流。五星若合，是謂易行，有德受慶，改立王者，掩有四方，子孫蕃昌；亡德受殃，離其國家，滅其宗廟，百姓離去，被滿四方。五星皆大，其事亦大；皆小，事亦小。[4]

[1]其國王：其國稱王於天下。

[2]填以重從：重，宋本作“禮”。

[3]致天下也：致，原本作“政”，宋本、殿本作“致”，據宋本、殿本改。

[4]以上是説五星若合，有德承慶，亡德受殃。此占語説凡發生五星聚合的事，雖然其國可以稱王於天下，但必然會發生改立王者之事，發生社會大動亂。

凡五星色，皆圜，白爲喪，爲旱；赤中不平，爲兵；青爲憂，爲水；黑爲疾疫，爲多死；黄爲吉。皆角，赤，犯我城；黄，地之争；白，哭泣聲；青，有兵憂；黑，有水。五星同色，天下偃兵百姓安寧，歌舞以行，不見灾疾，五穀蕃昌。[1]

[1]這段五星色的占語，完全抄自《史記·天官書》，衹作了少數文字的改動。

凡五星，歲，政緩則不行，急則過分，逆則占。熒惑，緩則不出，急則不入，逆則占。[1]填，緩則不還，急則過舍，逆則占。太白，緩則不出，急則不入，逆則占。辰，緩則不出，急則不入，非時則占。五星不失行，則年穀豐昌。

[1]逆則占：逆，殿本作“違道”。

凡五星分天之中，積於東方，中國利；積於西方，外國用兵者利。辰星不出，太白爲客；其出，太白爲主。出而與太白不相從，及各出一方，爲格，[1]野雖有軍，不戰。

[1]格：阻礙，隔閡。

凡五星見伏、留行、逆順，遲速應曆度者，爲得其行，政合於常；違曆錯度，而失路盈縮者，爲亂行。亂行則爲天矢彗孛，而有亡國革政，兵飢喪亂之禍云。

雜星氣

圖緯舊説，及漢末劉表爲荆州牧，命武陵太守劉叡集天文衆占，名《荆州占》。其雜星之體，有瑞星，[1]有妖星，有客星，有流星，有瑞氣，有妖氣，有日月傍氣，皆略其名狀，舉其占驗，次之於此云。

[1] 有瑞星：瑞，原本、宋本作“端”，殿本作“瑞”，據殿本改。

瑞星

一曰景星，如半月，生於晦朔，助月爲明。或曰，星大而中空。或曰，有三星，在赤方氣，與青方氣相連，黄星在赤方氣中，亦名德星。

二曰周伯星，黄色，煌煌然，所見之國大昌。

三曰含譽，光耀似彗，喜則含譽射。

四曰格澤，[1]如炎火，下大上兑，[2]色黄白，起地而上。見則不種而穫，有土功，有大客。

[1] 格澤：《史記·天官書》曰：“格澤星者，如炎火之狀，黄白，起地而上。下大上兑。其見也，不種而獲，不有土功，必有大害。”《漢書·天文志》“大害”作“大客”。當以後者爲是。

[2] 下大上兑：兑，宋本作“兖”，殿本作“鋭”。

妖星

一曰彗星，所謂掃星。本類星，末類彗，[1]小者數寸，長或竟天。見則兵起，大水。主掃除，除舊布新。有五色，各依五行本精所主。史臣案，彗體無光，傳日而爲光，故夕見則東指，晨見則西指。在日南北，皆隨日光而指。頓挫其芒，或長或短，光芒所及則爲災。

[1]本類星，末類彗：本指頭部，末指尾部。

二曰孛星，彗之屬也。偏指曰彗，芒氣四出曰孛。孛者，孛孛然非常，惡氣之所生也。[1]内不有大亂，則外有大兵，天下合謀，暗蔽不明，有所傷害。晏子曰："君若不改，[2]孛星將出，彗星何懼乎！"[3]由是言之，災甚於彗。

[1]之所生也：原本、宋本作"之所生内也"，殿本作"之所生也"，據殿本删"内"字。

[2]君若不改：改，原本、殿本作"政"，宋本作"正"，據《文獻通考》《六經天文編》及中華本改。

[3]何懼乎：懼，原本、宋本作"詎"，殿本作"懼"，據殿本改。

三曰天棓，一名覺星。本類星，末鋭，[1]長四丈。或出東北方、西方，主奮争。

[1]本類星，末鋭：頭部如星，尾部尖鋭。

四曰天槍。其出不過三月，必有破國亂君，伏死其辜。殃之不盡，當有旱飢暴疾。

五曰天欃。石氏曰，雲如牛狀。甘氏，本類星，末銳。巫咸曰，彗星出西方，長可二三丈，主捕制。

六曰蚩尤旗，類彗而後曲，象旗。或曰，赤雲獨見。或曰，其色黄上白下。或曰，若植雚而長，[1]名曰蚩尤之旗。或曰，如箕，可長二丈，末有星。主伐枉逆，主惑亂，所見之方下有兵，兵大起；不然，有喪。[2]

[1]雚：草名。《爾雅·釋草》："雚，芄蘭。"

[2]有喪：殿本"喪"下有"也"字。

七曰天衝，出如人，蒼衣赤頭，不動。見則臣謀主，武卒發，天子亡。

八曰國皇，大而赤，類南極老人星。或曰，去地三丈，如炬火，主内寇内難。或曰，其下起兵，兵强。或曰，外内有兵喪。

九曰昭明，象如太白，光芒，不行。或曰，大而白，有角，[1]乍上乍下。一曰，赤彗分爲昭明，昭明滅光，以爲起霸起德之徵，所起國兵多變。一曰，大人凶，兵大起。

[1]有角：原本、宋本、殿本作"無角"，無角不用記載，據中華本校勘記改。

十曰司危，如太白，有目。或曰，出正西，西方之野星，去地可六丈，大而白。或曰，大而有毛，兩角。或曰，類太白，數動，察之而赤，爲乖争之徵，主擊强兵。見則主失法，豪桀起，天子以不義失國，有聲之臣行主德。

十一曰天讒，彗出西北，狀如劍，長四五丈。或曰，如鈎，長四丈。或曰，狀白小，數動，主殺罰。出則其國内亂，其下相讒，爲飢兵，赤地千里，枯骨藉藉。

十二曰五殘，一名五鋒，出正東，東方之星。[1]狀類辰，可去地六七丈。或曰，蒼彗散爲五殘，如辰星，出角。或曰，星表有氣如暈，有毛。或曰，大而赤，數動，察之而青。主乖亡；爲五分，毁敗之徵，亦爲備急兵。見則主誅，政在伯，野亂成，有急兵，有喪，不利衝。[2]

[1]東方之星：之星，原本、宋本、殿本作“星之”，據中華本乙正。

[2]《開元占經》引《史記·天官書》曰：“五殘，所出非其方，爲其下有兵，衝不利。”但今本《天官書》無此語。

十三曰六賊，見出正南，南方之星。去地可六丈，大而赤，動有光。或曰，形如彗。五殘、六賊出，禍合天下，逆侵關樞；其下有兵，衝不利。[1]

[1]《開元占經》引《史記·天官書》曰：“六賊星，所出非其方，爲其下有兵，衝不利。”則五殘星與六賊星的《天官書》占

語相同。但今本《天官書》無此語。查《漢書·天文志》，在介紹五殘、六賊、司詭、咸漢四星後，綜言占語曰："此四星者，所出非其方，其下有兵，衝不利。"

十四曰獄漢，一名咸漢，出正北，北方之野星，去地可六丈，大而赤，數動，察之中青。或曰，赤表，下有三彗從橫。主逐王，主刺王。出則陰精橫，兵起其下。又爲喪，動則諸侯驚。

十五曰旬始，出北斗旁，如雄鷄。其怒，有青黑，象伏鱉。或曰，怒，雌也，主爭兵。又曰，黄彗分爲旬始，爲立主之題，主亂，主招橫。見則臣亂兵作，諸侯虐，期十年，聖人起代，[1]群猾横恣。或曰，出則諸侯雄鳴。

[1]聖人起代：代，原本、宋本、殿本作"伐"，據中華本校勘記改。

十六曰天鋒，彗象矛鋒。天下從橫，則天鋒星見。

十七曰燭星，如太白。其出也不行，見則不久而滅。或曰，主星上有三彗上出，所出城邑亂，有大盜不成，又以五色占。

十八曰蓬星，大如二斗器，色白，一名王星。狀如夜火之光，多至四五，少一二。一曰，蓬星在西南，長數丈，左右兑。[1]出而易處。星見，不出三年，有亂臣戮死。又曰，所出大水大旱，五穀不收，人相食。

[1]左右兑：兑，宋本作“兖”。

十九曰長庚，如一匹布著天。見則兵起。

二十曰四填，星出四隅，去地六丈餘，或曰可四丈。或曰，星大而赤，去地二丈，常以夜半時出。見，十月而兵起，皆爲兵起其下。

二十一曰地維藏光，出四隅。或曰，大而赤，去地二三丈，如月始出。見則下有亂，亂者亡，[1]有德者昌。

[1]見則下有亂，亂者亡：殿本衹一“亂”字，作“見則下有亂者亡”。

《河圖》云：

歲星之精，流爲天棓、天槍、天猾、天衝、國皇、反登、蒼彗。[1]

[1]反登：反，原本、宋本、殿本作“及”，據中華本校勘記改。

熒惑散爲昭旦、蚩尤之旗、昭明、司危、天欃、赤彗。[1]

[1]昭旦：旦，原本、宋本作“且”，殿本作“旦”，據殿本改。

填星散爲五殘、獄漢、大賁、昭星、絀流、旬始、蚩尤、虹霓、擊咎、黄彗。

太白散爲天杵、天柎、伏靈、大敗、司奸、天狗、天殘、卒起、白彗。

辰星散爲枉矢、破女、拂樞、滅寶、繞綎、驚理、大奮祀、黑彗。

五色之彗，各有長短，曲折應象。

漢京房著《風角書》有《集星章》，所載妖星皆見於月旁，互有五色方雲，以五寅日見，各有五星所生云：

天槍、天根、天荆、真若、天樤、天樓、天垣，皆歲星所生也。見以甲寅，其星咸有兩青方在其旁。

天陰、晋若、官張、天惑、天崔、赤若、蚩尤，皆熒惑之所生也。出在丙寅日，有兩赤方在其旁。

天上、天伐、從星、天樞、天翟、天沸、荆彗，皆填星所生也。出在戊寅日，有兩黄方在其旁。

若星、帚星、若彗、竹彗、墻星、樤星、白藋，皆太白之所生也。出在庚寅日，有兩白方在其旁。

天美、天欃、天杜、天麻、天林、天蒿、端下，[1]皆辰星之所生也。出以壬寅日，有兩黑方在其旁。

[1]天欃：欃，原本、宋本、殿本作“毚”，據中華本改。

已前三十五星，[1]即五行氣所生，皆出於月左右方氣之中，各以其所生星將出不出日數期候之。當其未出之前而見，見則有水旱、兵喪、飢亂；所指亡國、失地、王死、破軍、殺將。

[1]已前三十五星：即“以上三十五星”，即指京房所述之35星。以上這些星名，在《開元占經》中均有引載。

客星

張衡曰：“老子四星及周伯、王蓬絮、芮各一，錯乎五緯之間。其見無期，其行無度。”《荆州占》云：“老子星色淳白，然所見之國，爲飢爲凶，爲善爲惡，爲喜爲怒。周伯星黄色煌煌，所至之國大昌。蓬絮星色青而熒熒然，所至之國風雨不節，焦旱，物不生，五穀不登，多蝗蟲。”又云：“東南有三星出，名曰盜星，出則天下有大盜。西南有三大星出，名曰種陵，出則天下穀貴十倍。西北三大星出而白，名曰天狗，出則人相食，大凶。東北有三大星出，[1]名曰女帛，見則有大喪。

[1]三大星：宋本“星”上有“明”字。

流星

流星，天使也。自上而降曰流，自下而升曰飛。大者曰奔，奔亦流星也。星大者使大，星小者使小。聲隆隆者，怒之象也。行疾者期速，行遲者期遲。大而無光者，衆人之事；小而有光者，貴人之事；大而光者，其人貴且衆也。乍明乍滅者，賊成賊敗也。[1]前大後小者，恐憂也；前小後大者，喜事也。蛇行者，奸事也；往疾者，往而不反也。長者，其事長久也；短者，事疾也。奔星所墜，其下有兵。無風雲，有流星見，良久間乃入，爲大風，發屋折木。小流星百數四面行者，衆庶流移之象。

[1]賊成賊敗也：殿本作“賦敗成也”。

流星之類，有音如炬火下地，野雉鳴，天保也；所墜國安，有喜。[1]若小流星色青赤，[2]名曰地雁，其所墜者起兵。流星有光青赤，長二三丈，名曰天雁，軍中之精華也；其國起兵，將軍當從星所之。流星暉然有光，光白，長竟天者，人主之星也；主相、將軍從星所之。

[1]“流星之類”至“有喜”：《荆州占》曰：“流星有光，黄白，從天墮有音，如炬烟火下地，鷄盡鳴，名天保也。所墜國安，有喜，若水。”占語相類。落地之隕石曰“天保”，也可作“天寶”。寶貴之物也。國安、有喜、有福。

[2]小流星：小，原本、宋本作“水”，殿本作“小”，據殿本改。

飛星大如缶若瓮，[1]後皎然白，前卑後高，此謂頓頑，其所從者多死亡。飛星大如缶若瓮，後皎然白，星滅後，白者曲環如車輪，此謂解銜，其國人相斬爲爵禄。飛星大如缶若瓮，其後皎然白，長數丈，星滅後，白者化爲雲流下，名曰大滑，所下有流血積骨。

[1]飛星大如缶若瓮：缶，飲酒用的瓦器，口小肚大。瓮，比缶稍大的酒器。隕石有大有小，故曰“如缶若瓮”。

枉矢，類流星，色蒼黑，蛇行，望之如有毛，目長數匹，著天，主反萌，主射愚。見則謀反之兵合射所誅，亦爲以亂伐亂。

天狗，狀如大奔星，色黄，有聲，其止地，類狗。所墜，望之如火光，炎炎衝天，其上鋭，其下員，如數頃田處。或曰，星有毛，旁有短彗，[1]下有狗形者。或曰，星出，其狀赤白有光，下即爲天狗。一曰，流星有光，見人面，墜無音，若有足者，名曰天狗。其色白，其中黄，黄如遺火狀。[2]主候兵討賊。見則四方相射，千里破軍殺將。或曰，五將鬥，[3]人相食，所往之鄉有流血。其君失地，兵大起，國易政，戒守御。

[1]旁有短慧：短，原本、宋本作“矩”，殿本作“短”，據殿本改。

[2]遺火：失火。

[3]五將：五，原本作“吾”，宋本作“是”，殿本作“五”，據殿本改。

營頭，有雲如壞山墮，所謂營頭之星。所墮，其下覆軍，流血千里。亦曰流星晝隕名營頭。

雲氣

瑞氣：一曰慶雲。若烟非烟，若雲非雲，鬱鬱紛紛，蕭索輪囷，是謂慶雲，亦曰景雲。此喜氣也，太平之應。[1]二曰歸邪。如星非星，如雲非雲。或曰，星有兩赤彗上向，有蓋，下連星。見，必有歸國者。三曰昌光，赤，如龍狀；聖人起，帝受終，則見。

[1]有關慶雲的占語，與《史記·天官書》相應。

妖氣：一曰虹蜺，日旁氣也，斗之亂精。主惑心，主内淫，主臣謀君，天子詘，后妃顓，妻不一。二曰牂雲，如狗，赤色，長尾；爲亂君，爲兵喪。[1]

[1]以上是説，雲氣有慶雲和妖氣兩種。慶雲爲可以慶祝之雲，它的出現，爲喜氣和太平的應驗，這種雲，形狀似星非星，似雲非雲。妖氣是日旁的氣，爲内亂、兵喪之象。

十輝

《周禮》，眡祲氏掌十輝之法，[1]以觀妖祥，辯吉凶。一曰祲，謂陰陽五色之氣，浸淫相侵。或曰，抱珥背璚之屬，如虹而短是也。二曰象，謂雲氣成形，象如赤烏，夾日以飛之類是也。三曰鑴，日旁氣，刺日，形如童子所佩之鑴。四曰監，謂雲氣臨在日上也。五曰暗，謂日月蝕，或曰光脱也。[2]六曰瞢，瞢，[3]不光明也。七曰彌，謂白虹彌天而貫日也。八曰序，謂氣若山而在日上。或曰，冠珥背璚，重疊次序，在於日旁也。九曰隮，謂暈氣也。或曰，虹也，《詩》所謂“朝隮於西”者也。十曰想，謂氣五色有形想也，青飢，赤兵，白喪，黑憂，黄熟。或曰，想，思也，赤氣爲人狩之形，可思而知其吉凶也。

[1]眡祲氏掌十輝之法：此語出自《周禮·眡祲》："眡祲掌十輝之法以藋見妖祥辨吉凶。”鄭注曰："輝謂日光氣也。輝音運。”眡又寫作眂，均爲“視”之异體字。關於“十輝之法”，《周禮·眡祲》曰："眡祲掌十輝之法，以觀妖祥，辨吉凶。一曰祲，二曰象，三曰鑴，四曰監，五曰暗，六曰瞢，七曰彌，八曰叙，九曰隮，十曰想。”本段下文多餘文字，均爲《晋書·天文志》作者的發揮和解釋。

[2]光脱：殿本作“脱光”。

[3]瞢：殿本作“謂瞢瞢”。

凡游氣蔽天，日月失色，皆是風雨之候也。沉陰，日月俱無光，晝不見日，夜不見星，有雲障之，兩敵相當，[1]陰相圖議也。日濛濛無光，士卒内亂。又曰，數日俱出，若鬥，天下兵起，大戰。日鬥，下有拔城。日戴者，形如直狀，其上微起，在日上爲戴。戴者，德也，國有喜也。一云，立日上爲戴。青赤氣抱在日上，小者爲冠，國有喜事。青赤氣小而交於日下爲纓，青赤氣小而員，一二在日下左右者爲紐。青赤氣如小半暈狀，在日上爲負，負者得地爲喜。又曰，青赤氣長而斜倚日旁爲戟。青赤氣員而小，在日左右爲珥，黄白者有喜。又曰，有軍，日有一珥爲喜。在日西，西軍戰勝。在日東，東軍戰勝。南北亦如之。無軍而珥，爲拜將。又日旁如半環，向日爲抱。青赤氣如月初生，背日者爲背。又曰，背氣青赤而曲，外向爲叛象，分爲反城。璚者如帶，璚在日四方。青赤氣長而立日旁爲直，日旁有一直，敵在一旁欲自立，從直所擊者勝。日旁有二直三抱，欲自立者不成，順抱擊者勝，殺將。氣形三角，在日四方爲提，青赤氣横在日上下爲格。氣如半暈，在日下爲承。承者，臣承君也。又曰，日下有黄氣三重若抱，名曰承福，人主有吉喜，且得地。青白氣如履，在日下者爲履。日旁抱五重，戰順抱者勝。日一抱一背，爲破走。抱者，順氣也；背者，逆氣也。兩軍相當，順抱擊逆者勝，故曰破走。日抱且兩珥，一虹貫抱至日，[2]順虹擊者勝，殺將。日抱兩珥且璚，二虹貫抱至日，順虹擊者勝。日重抱，内有璚，順抱擊者勝。亦曰，軍内有欲反者。日重抱，左右二珥，有白虹貫抱，順抱擊勝，得二將。有三虹，得三將。日抱黄白潤澤，内赤外青，天子有喜，有和親來降者；軍不戰，敵降，軍罷。色青黄，將喜；赤，將兵争；白，將有喪；黑，將死。日重抱且背，順抱擊者勝，得地，若有罷師。日重抱，抱内外有璚，兩珥，順抱擊者勝，破軍，軍中不和，不相信。日旁有氣，員而周匝，内赤外青，名爲暈。日暈者，軍營之象。周環匝日，無厚薄，敵與軍勢齊等。若無軍在外，天子失御，民多叛。日暈有五色，有喜；不得五色者，有憂。[3]

［1］兩敵相當：兩，原本、宋本作“雨”，殿本作“兩”，據殿本改。

［2］一虹貫抱至日：原本、宋本、殿本重“抱”字，據中華本校勘記删。

［3］古代天文學家一直密切關注太陽上出現的雲氣變化，並用以爲日占。據以上記載，共有日戴、日冠、日纓、日紐、日負、日戟、日珥、日抱、日背、日璚、日提、日格、日承、日承福、日履等各種不同的現象出現，並各給以不同的名稱。這些現象，在《開元占經》的日占中，也都有類似的記載。這些現象，都是日面大氣變化的反映。例如，關於日珥，《開光占經》引石申曰：“日兩旁有氣，短小，中赤外青，名爲珥。”引《釋名》曰：“日珥者，在日兩旁之名也。珥言似耳，在兩旁也。”引郗萌曰：“日珥，人主有憙，兵在外亦有憙。”引石氏曰：“有軍；日有一珥爲憙，在日西，西軍戰勝，東軍戰敗；在日東，東軍勝，西軍敗。南北亦然。無軍而珥，爲拜將。”日珥的名稱，一直沿用下來，爲現代天文學所采用。

凡占，兩軍相當，必謹審日月暈氣，知其所起，留止遠近，應與不應，疾遲，大小，厚薄，長短，抱背爲多少，有無，實虚，久亟，密疏，澤枯。相應等者勢等。近勝遠，疾勝遲，大勝小，厚勝薄，長勝短，抱勝背，多勝少，有勝無，實勝虚，久勝亟，密勝疏，澤勝枯。重背，大破；重抱爲和親；抱多，親者益多。背爲天下不和。分離相去，背於内者離於内，背於外者離於外也。

雜氣[1]

天子氣，内赤外黄，四方所發之處當有王者。若天子欲有游往處，其地亦先發此氣。或如城門隱隱在氣霧中，恒帶殺氣森森然。或如華蓋在氣霧中，或氣象青衣人無手，在日西，或如龍馬，或雜色鬱鬱衝天者，此皆帝王氣。[2]

[1]雜氣：是地面上各種雲氣的占法。雜者，雜亂衆多也。這部分是各種雜氣占的匯集。

[2]以上爲天子氣。《乙巳占》卷九載帝王氣象占，内容與此相類。天子即帝王也。《乙巳占》也爲李淳風所作。

猛將之氣，如龍，如猛獸；或如火烟之狀；或白如粉沸；或如火光之狀，夜照人；或白而赤氣繞之，或如山林竹木，或紫黑如門上樓；或上黑下赤，狀似黑旌；或如張弩；或如埃塵，頭鋭而卑，本大而高。此皆猛將之氣也。氣發漸漸如雲，變作山形，將有深謀。[1]

[1]以上爲將軍之氣。《乙巳占》和《開元占經》中均有相應的占語，其特徵爲“如龍，如猛獸”，“白氣，而赤氣繞之”。

凡軍勝之氣，如堤如坂，前後磨地。或如火光；將軍勇，士卒猛。或如山堤，山上若林木；將士驍勇。或如埃塵粉沸，其色黄白；或如人持斧向敵；或如蛇舉首向敵；或氣如覆舟，雲如牽牛；或有雲如鬥鷄，赤白相隨，在氣中；或發黄氣，皆將士精勇。[1]

[1]以上爲軍勝之氣。《乙巳占》與《開元占經》亦有相應占語，其特徵爲“埃塵粉沸，其色黄白”。

凡氣上黄下白，名曰善氣；所臨之軍，敵欲求和退。

凡負氣，如馬肝色，或如死灰色；[1]或類偃蓋，或類偃魚；或黑氣如壞山墮軍上者，名曰營頭之氣；或如群羊群猪，在氣中。此衰氣也。或如懸衣，如人相隨；或紛紛如轉蓬，或如揚灰；或雲如捲席，如匹布亂穰者，皆爲敗徵。氣如繫牛，如人卧，如雙蛇，如飛鳥，如决隄垣，如壞屋，如驚鹿相逐，如兩鷄相向，此皆爲敗軍之氣。[2]

[1]或如死灰色：灰，宋本作“炭”。

[2]以上爲敗軍之氣。《乙巳占》與《開元占經》均有相應占語。爲“如馬肝色，或如死灰”。

凡降人氣，如人十十五五，皆叉手低頭；又云，如人叉手相向。或氣如黑山，以黄爲緣者，皆欲降伏之象也。

凡堅城之上，有黑雲如星，[1]名曰軍精。或白氣如旌旗，或青雲、黄雲臨城，皆有大喜慶。或氣青色如牛頭觸人，或城上氣如烟火，如雙蛇，如杵形向外，或有雲分爲兩彗狀者，皆不可攻。[2]

[1]有黑雲如星：星，原本、殿本作“屋”，宋本作“星”，據

宋本、《乙巳占》改。

[2]以上爲城勝之氣。《乙巳占》所載類同。其雲有“黑雲如星”，或“白氣如旌旗”，或青雲、黄雲臨城。

凡屠城之氣，或赤如飛鳥，或赤氣如敗車，或有赤黑氣如貍皮班，或城中氣聚如樓，出見於外；營上有雲如衆人頭，赤色，其城營皆可屠。[1]氣如雄雉臨城，其下必有降者。[2]

[1]或城中氣聚如樓，出見於外；營上有雲如衆人頭：原本、宋本作“或城中氣聚如樓，出見於營外；上有雲如衆人頭”，殿本如正文，據殿本改。

[2]以上爲屠城之氣。《乙巳占》有相應占語。或“赤氣如飛鳥”，或“赤氣如破車”，或“有赤氣壯如狸皮斑”。

凡伏兵有黑氣，渾渾員長，赤氣在其中；或白氣粉沸，起如樓狀；或如幢節狀，在烏雲中；或如赤杵在烏雲中，或如烏人在赤雲中。[1]

[1]以上爲伏兵之氣。《乙巳占》與《開元占經》均有相應占語。“黑氣渾渾圓長，赤氣在其中。”

凡暴兵氣，白，如瓜蔓連結，部隊相逐，須臾罷而復出；或白氣如仙人，如仙人衣，千萬連結，部隊相逐，罷而復興，當有千里兵來。或氣如人持刀楯，雲如人，色赤，所臨城邑有卒兵至。或赤氣如人持節，兵來未息。雲如方虹。此皆有暴兵之象。[1]

[1]以上爲暴兵之氣。《乙巳占》有相應占語。其特徵爲“白氣如瓜蔓連結，部隊相逐，須臾罷而復出”。“或雲如赤虹”，“或白氣如帶”，必有暴兵。

凡戰氣，青白如膏；如人無頭；如死人卧；如丹蛇，赤氣隨之，必大戰，殺將。四望無雲，見赤氣如狗入營，其下有流血。[1]

[1]以上爲占陣之氣。《乙巳占》有相應占語。其“氣青白如膏，如人無頭，如死人卧”。

凡連陰十日，晝不見日，夜不見月，亂風四起，欲雨而無雨，名曰蒙，臣有謀。霧氣若晝若夜，其色青黄，更相奄冒，乍合乍散，亦然。視四方常有大雲五色具者，其下賢人隱也。青雲潤澤蔽日，在西北，爲舉賢良。雲氣如亂穣，大風將至，視所從來。[1]雲甚潤而厚，大雨必暴至。四始之日，有黑雲氣如陣，厚大重者，多雨。氣若霧非霧，衣冠不濡，見則其城帶甲而趣。日出没時有霧雲横截之，白者喪，烏者驚，三日内雨者各解。有雲如蛟龍，所見處將軍失魄。有雲如鵠尾來蔭國上，三日亡。有雲赤黄色四塞，終日竟夜照地者，大臣縱恣。有雲如氣，昧而濁，賢人去，小人在位。[2]

[1]視所從來：中華本校勘記：“校文：《隋志》‘來’下有

'避之'二字。"

[2]以上爲圖謀之氣。《乙巳占》有相應的占語。

凡白虹者，百殃之本，衆亂所基。霧者，衆邪之氣，陰來冒陽。[1]

[1]陰來冒陽：冒，冒犯之義。由於衆邪之氣屬陰，與陰相對屬陽，故曰"陰來冒陽"。

凡白虹霧，奸臣謀君，擅權立威。晝霧夜明，臣志得申。

凡夜霧白虹見，臣有憂；晝霧白虹見，君有憂。虹頭尾至地，流血之象。

凡霧氣不順四時，逆相交錯，微風小雨，爲陰陽氣亂之象。積日不解，[1]晝夜昏暗，天下欲分離。

[1]積日不解：宋本無"不"字。

凡天地四方昏濛若下塵，十日五日已上，或一月，或一時，雨不沾衣而有土，名曰霾。故曰：天地霾，君臣乖。[1]

[1]以上爲虹霓占。《乙巳占》有相應占語。《月令章句》曰："虹，螮蝀也，陰陽交接之氣，著於形色者也。雄曰虹，雌曰霓，常依陰雲，而晝見於日衝。"正是出於雄日虹，雌日霓，虹爲帝王、大臣，霓爲后、妃、婦女。故此處主要載虹的占語。虹的出現，均

爲賊亂、奸謀、君憂、臣乖之象。

凡海旁蜃氣象樓臺，廣野氣成宫闕，北夷之氣如牛羊群畜穹廬，南夷之氣類舟船幡旗。自華以南，[1]氣下黑上赤；嵩高、三河之郊，氣正赤；恒山之北，氣青；勃碣海岱之間，氣皆正黑；江淮之間，氣皆白；東海氣如員簦；附漢河水，氣如引布。江漢氣勁如杼，濟水氣如黑㹠，渭水氣如狼白尾，淮南氣如白羊，少室氣如白兔青尾，恒山氣如黑牛青尾。東夷氣如樹，西夷氣如室屋，南夷氣如闍臺，或類舟船。[1]

［1］以南：以，宋本作“已”。

［2］本卷所載地面雜占中，自此段以下，開始采納《史記·天官書》有關占語。此段合併了《史記·天官書》地域和民族兩段占語，並增加了東海、江漢、東夷、西夷之内容。《乙巳占》也有相應的占語，稱之爲“九土异氣象占”。

陣雲如立垣。杼雲類杼。軸雲摶，兩端兑。[1]杓雲如繩，居前亘天，其半半天；其蛪者類闕旗故。鈎雲句曲。諸此雲見，以五色占。而澤摶密，[2]其見動人，乃有兵必起，[3]合鬥其直。雲氣如三匹帛，廣前兑後，大軍行氣也。

［1］杼雲類杼，軸雲摶，兩端兑：原本、宋本、殿本作“杼軸雲類軸摶兩端兑”，文理不通。由於這裏整段文字引自《史記·天官書》，今依其書改正。

[2]密：宋本作“蜜”。

[3]乃有兵必起：乃，原本、宋本、殿本作“及”，據中華本改。中華本校勘記：“《拾補》‘有’下脱‘占’字，《史記·天官書》有。”

韓雲如布，趙雲如牛，楚雲如日，宋雲如車，魯雲如馬，衛雲如犬，周雲如車輪，秦雲如行人，魏雲如鼠，鄭雲如絳衣，越雲如龍，蜀雲如囷。

車氣乍高乍下，往往而聚。騎氣卑而布。卒氣摶。前卑後高者，疾。前方而高、後鋭而卑者，却。其氣平者其行徐。前高後卑者，不止而返。[1]校騎之氣，正蒼黑，長數百丈。游兵之氣如彗掃，一云長數百丈，無根本。喜氣上黄下赤，怒氣上下赤，憂氣上下黑。土功氣黄白。徙氣白。

[1]“車氣乍高乍下”至“不止而返”：引自《史記·天官書》。而下文之“土功氣黄白。徙氣白”在《史記·天官書》中置於這段文字之開頭。《史記·天官書》原文爲：“徒氣白。土功氣黄。車氣乍高乍下，往往而聚。騎氣卑而布。卒氣摶。”

凡候氣之法，氣初出時，若雲非雲，若霧非霧，仿佛若可見。初出森森然，在桑榆上，高五六尺者，是千五百里外。平視則千里，舉目望即五百里；仰瞻中天，即百里内。平望，桑榆間二千里；登高而望，下屬地者，三千里。[1]敵在東，日出候之；在南，日中候之；在西，日入候之；在北，夜半候之。軍上氣，高勝下，厚勝薄，實勝虛，長勝短，澤勝枯。氣見以知大，占期内有大風雨，久陰，則灾不成。

[1]“在桑榆上”至“三千里”：與《史記·天官書》之占語相似，但具體數字有异。在桑榆上，殿本作“若桑榆上”。

史傳事驗[1]

天變[2]

惠帝元康二年二月，天西北大裂。案劉向説：“天裂，陽不足；地動，陰有餘。”是時人主昏瞀，妃后專制。

[1]史傳事驗：歷史記載的事件，在星占上的驗證。以下至下卷，均爲其範圍，共包括天變、日蝕、月變、月奄五緯、五星聚舍、月五星犯列舍、經星變附見、妖星客星、星流隕、雲氣。原本標題作“大變史傳事驗”，宋本作“天變史傳事驗”，殿本作“天變史傳驗事”，據原本卷首目録及中華本目録改。

[2]原本無“天變”標題，據正文内容及中華本目録加。

大安二年八月庚午，[1]天中裂爲二，有聲如雷者三。[2]君道虧而臣下專僭之象也。是時，[3]長沙王奉帝出距成都、河間二王，後成都、河間、東海又迭專威命，是其應也。

[1]大安：即太安。

[2]天開裂、有聲如雷，都是北極光出現的徵候。

[3]是時：原本、宋本、殿本作“是日”，據中華本校勘記改。

穆帝升平五年八月己卯夜，天中裂，廣三四丈，有聲如雷，野雉皆鳴。是後哀帝荒疾，海西失德，皇太后臨朝，太宗總萬機，桓温專權，威振内外，陰氣盛，陽氣微。[1]

[1]陰氣盛，陽氣微：據陰陽學説，帝王爲陽，后、妃和臣子爲陰。當后、妃、大臣專權時，象徵陰氣盛、陽氣微。

元帝太興二年八月戊戌，天鳴東南，有聲如風水相薄。京房《易妖占》曰："天有聲，人主憂。"三年十月壬辰，天又鳴，甲午止。其後王敦入石頭，[1]王師敗績。元帝屈辱，制於强臣，既而晏駕，大耻不雪。

[1]"天鳴東南，有聲如風水相薄"至"王敦入石頭"：這種天象，有可能是黄道光。王敦擁戴元帝，於建康建立東晋政權。建康又稱石頭城。王敦擁兵自重，元帝排抑王氏勢力，王敦領兵攻入建康，故此處曰"王敦入石頭"。

安帝隆安五年閏月癸丑，天東南鳴。六年九月戊子，[1]天東南又鳴。是後桓玄篡位，安帝播越，憂莫大焉。鳴每東南者，蓋中興江外，天隨之而鳴也。

[1]六年：殿本作"十六年"。

義熙元年八月，天鳴，在東南。京房《易傳》曰："萬姓勞，厥妖天鳴。"是時安帝雖反正，[1]而兵革歲動，衆庶勤勞也。[2]

[1]反正：原本作“反正文”，宋本、殿本作“反政”，據中華本删“文”字。

[2]這兩次天鳴東南，李淳風均將其與東晋政權的變亂相聯繫。隆安二年（398），桓玄起兵反對司馬道子專權。元興元年攻入建康掌握朝政，後篡位，故曰“安帝播越”，播越者，流亡也。後劉裕起兵擊敗桓玄，恢復東晋，故曰“中興江外”，即中興長江内外也。

日蝕

魏文帝黄初二年六月戊辰晦，日有蝕之。有司奏免太尉，詔曰：“灾异之作，以譴元首，而歸過股肱，豈禹湯罪己之義乎！其令百官各虔厥職。後有天地眚，勿復劾三公。”[1]三年正月丙寅朔，日有蝕之。十一月庚申晦，又日有蝕之。五年十一月戊申晦，日有蝕之。

[1]勿復劾三公：劾，原本無此字，作一字空白，宋本、殿本作“劾”，據宋本、殿本補。

明帝太和初，太史令許芝奏，日應蝕，與太尉於靈臺祈禳。[1]帝曰：“蓋聞人主政有不德，則天懼之以灾异，所以譴告，使得自修也。[2]故日月薄蝕，明治道有不當者。朕即位以來，既不能光明先帝聖德，而施化有不合於皇神，故上天有以寤之。宜敕政自修，有以報於神明。天之於人，猶父之於子，未有父欲責其子，[3]而可獻盛饌以求免也。今外欲遣上公與太史令俱禳祠之，[4]於義未聞也。群公卿士大夫，其各勉修厥職。有可以補朕不逮者，各封上之。”

[1]靈臺：臺，原本、宋本、殿本作“星”，據中華本改。

[2]使得自修也：原本、宋本、殿本“使”上有“告”字，據中華本删。

[3]父欲責其子：原本、宋本、殿本“責”上有“有”字，據中華本删。

[4]俱禳祠之：殿本無“祠”字。

太和五年十一月戊戌晦，日有蝕之。六年正月，戊辰朔，日有蝕之。見吴曆。

青龍元年閏月庚寅朔，日有蝕之。

少帝正始元年七月戊申朔，日有蝕之。三年四月戊戌朔，日有蝕之。四年五月壬戌朔，[1]日有蝕之。五年四月丙辰朔，日有蝕之。六年四月壬子朔，[2]日有蝕之。十月戊申朔，又日有蝕之。八年二月庚午朔，日有蝕之。是時曹爽專政，丁謐、鄧颺等轉改法度。會有日蝕之變，詔群臣問得失。蔣濟上疏曰：“昔大舜佐治，戒在比周。周公輔政，慎於其朋。齊侯問灾，晏子對以布惠；魯君問异，臧孫答以緩役。塞變應天，乃實人事。”濟旨譬甚切，而君臣不悟，終至敗亡。九年正月乙未朔，日有蝕之。

[1]壬戌朔：壬戌，原本、宋本、殿本作“丁丑”，今據朔閏表及中華本校勘記訂正。

[2]壬子朔：據魏朔閏表推是月爲辛亥朔，非壬子朔。中華本校勘記亦作説明。

嘉平元年二月己未朔，[1]日有蝕之。

[1]二月己未朔：殿本無“朔”字。

高貴鄉公甘露四年七月戊子朔，日有蝕之。五年正月乙酉朔，日有蝕之。京房《易占》曰：“日蝕乙酉，君弱臣强。司馬將兵，反征其王。”五月，有成濟之變。

元帝景元二年五月丁未朔，日有蝕之。三年十一月己亥朔，日有蝕之。

武帝泰始二年七月丙午晦，日有蝕之。十月丙午朔，日有蝕之。七年十月丁丑朔，[1]日有蝕之。八年十月辛未朔，日有蝕之。九年四月戊辰朔，日有蝕之。又，七月丁酉朔，日有蝕之。十年正月乙未，三月癸亥，並日有蝕之。[2]

[1]七年十月丁丑朔：十，原本、宋本作“十一”，殿本作“十”，據殿本改。

[2]日蝕由於太陰之交，約一百七十三日一交，故未有不逾五月而再蝕者。本段泰始二年七月丙午、十月丙午，九年四月戊辰、七月丁酉，十年正月乙未、三月癸亥，皆有日蝕，並不滿一百五十天。以《宋書·五行志五》相較，則泰始二年唯有七月丙午日蝕，九年唯四月戊辰日蝕，十年唯三月癸亥日蝕。

咸寧元年七月甲申晦，日有蝕之。三年正月丙子朔，日有蝕之。四年正月庚午朔，日有蝕之。

太康四年三月辛丑朔，日有蝕之。七年正月甲寅朔，日有蝕之。八年正月戊申朔，日有蝕之。九年正月壬申朔，六月庚子朔，並日有蝕之。[1]

[1]日有蝕之：宋本無“有”字。

永熙元年四月庚申，帝崩。

惠帝元康九年十一月甲子朔，日有蝕之。十二月，廢皇太子遹爲庶人，尋殺之。

永康元年正月己卯，四月辛卯朔，並日有蝕之。[1]

[1]永康元年正月己卯，四月辛卯朔，並日有蝕之：正月己卯，據曆表推己卯爲十七日，與四月辛卯朔合，知正月己卯日蝕必誤。且一個食年約346.62天，正月至四月不到半個食年。

永寧元年閏月丙戌朔，日有蝕之。

光熙元年正月戊子朔，七月乙酉朔，並日有蝕之。十一月，惠帝崩。十二月壬午朔，又日有蝕之。

懷帝永嘉元年十一月戊申朔，日有蝕之。二年正月丙子朔，[1]日有蝕之。六年二月壬子朔，日有蝕之。

[1]二年正月丙子朔：據中華本校勘記，應爲“丙午朔”，當有閏月之誤。

愍帝建興四年六月丁巳朔，十二月甲申朔，[1]並日有蝕之。五年五月丙子，十一月丙子，[2]並日有蝕之。時帝蒙塵於平陽。

［1］十二月甲申朔：據中華本校勘記，應爲"乙卯朔"，乙卯至甲申差29日，也有閏月之差。

［2］五月丙子，十一月丙子：中華本校勘記："此兩'丙子'均疑有誤。"

元帝太興元年四月丁丑朔，日有蝕之。

明帝太寧三年十一月癸巳朔，日有蝕之，在卯至斗。斗，吴分也。其後蘇峻作亂。

成帝咸和二年五月甲申朔，日有蝕之，在井。井，主酒食，女主象也。明年，皇太后以憂崩。六年三月壬戌朔，日有蝕之。是時帝已年長，每幸司徒第，猶出入見王導夫人曹氏如子弟之禮。以人君而敬人臣之妻，有虧君德之象也。九年十月乙未朔，日有蝕之。是時帝既冠，當親萬機，而委政大臣，著君道有虧也。[1]

［1］著君道有虧也：著，原本、宋本、殿本作"者"，據中華本改。

咸康元年十月乙未朔，[1]日有蝕之。七年二月甲子朔，日有蝕之。三月杜皇后崩。八年正月乙未朔，[2]日有蝕之。京都大雨，郡國以聞。是謂三朝，王者惡之。六月而帝崩。

[1]咸康元年十月乙未朔：咸和九年（334）的下一年爲咸康元年（335），既然咸康元年的前一年有“十月乙未朔”，則咸康元年不可能再有“十月乙未朔”，當退後五至六個干支。故《群書拾補》認爲後者有誤。

[2]八年正月乙未朔：乙未，據中華本校勘記，應爲“己未”之誤。

穆帝永和二年四月甲午，[1]七年正月丁酉，八年正月辛卯，並日有蝕之。十二年十月癸巳朔，日有蝕之，在尾。尾，燕分，北狄之象也。是時邊表姚襄、苻生互相吞噬，[2]朝廷憂勞，征伐不止。

[1]二年四月甲午：甲午，原本、宋本、殿本作“己酉”，《朔閏表》推爲十六日，不可能發生日蝕。故改。

[2]苻生：苻，原本、宋本作“符”，殿本作“苻”，據其載記及殿本改。本卷下文此姓字同。

升平四年八月辛丑朔，日有蝕之，幾既在角。凡蝕，淺者禍淺，深者禍大。角爲天門，人主惡之。明年而帝崩。

哀帝隆和元年三月壬辰朔，[1]十二月戊午朔，並日有蝕之。明年而帝有疾，不識萬機。

[1]三月壬辰朔：壬辰，原本、宋本、殿本作“甲寅”，據《朔閏表》及中華本校勘記改。

海西公太和三年三月丁巳朔，五年七月癸酉朔，並日有蝕之。皆海西被廢之應也。

孝武帝寧康三年十月癸酉朔，日有蝕之。

太元四年閏月己酉朔，日有蝕之。是時苻堅攻没襄陽，執朱序。六年六月庚子朔，日有蝕之。九年十月辛亥朔，日有蝕之。十七年五月丁卯朔，日有蝕之。二十年三月庚辰朔，日有蝕之。明年帝崩。

安帝隆安四年六月庚辰朔，日有蝕之。是時元顯執政。

元興二年四月癸巳朔，日有蝕之。其冬桓玄篡帝位。[1]

[1]帝位：殿本無“帝”字。

義熙三年七月戊戌朔，日有蝕之。十年九月丁巳朔，日有蝕之。十一年七月辛亥晦，日有蝕之。十三年正月甲戌朔，日有蝕之。明年，帝崩。

恭帝元熙元年十一月丁亥朔，日有蝕之。自義熙元年至是，日蝕皆從上始，皆爲革命之徵。

《周禮》眡祲氏掌十輝之法，以觀妖祥，辯吉凶，有祲、象、鑴、監、暗、瞢、彌、序、隮、想凡十。後代名變，説者莫同。今録其著應以次之云。

吴孫權赤烏十一年二月，白虹貫日，權發詔戒懼。

武帝泰始五年七月甲寅，日暈再重，白虹貫之。

太康元年正月己丑朔，五色氣冠日，自卯至酉。占曰：“君道失明，丑爲斗、牛，主吴越。”是時孫皓淫暴，四月降。[1]

[1]四月降：指太康元年（280），吴孫皓降晋之事。

惠帝元康元年十一月甲申，日暈，再重，青赤有光。九年正月，日中有若飛燕者，數日乃消。王隱以爲愍懷廢死之徵。

永康元年正月癸亥朔，日暈，三重。十月乙未，日暗，黄霧四塞。占曰："不及三年，下有拔城大戰。"十二月庚戌，日中有黑氣。京房《易傳》曰："祭天不順兹謂逆，厥異日中有黑氣。"

永寧元年九月甲申，日中有黑子。京房《易占》："黑者陰也，臣不掩君惡，令下見，百姓惡君，則有此變。"又曰："臣有蔽主明者。"

太安元年十一月，日中有黑氣。

永興元年十一月，日中有黑氣分日。

光熙元年五月壬辰、癸巳，日光四散，赤如血流，照地皆赤。甲午又如之。占曰："君道失明。"

懷帝永嘉元年十一月乙亥，黄黑氣掩日，所照皆黄。案《河圖占》曰："日薄也。"其説曰："凡日蝕皆於朔晦，有不於晦朔者爲日薄。[1]雖非日月同宿，時陰氣盛，掩日光也。"占類日食。二年正月戊申，白虹貫日。二月癸卯，白虹貫日，青黄暈，五重。占曰："白虹貫日，近臣爲亂，不則諸侯有反者。暈五重，有國者受其祥，天下有兵，破亡其地。"明年，司馬越暴蔑人主。五年，劉聰破京都，帝蒙塵於寇庭。五年三月庚申，日散光，如血下流，所照皆赤。日中有若飛燕者。

[1]有不於晦朔者：有不，宋本乙作“不有”。

愍帝建興二年正月辛未辰時，[1]日隕於地。[2]又有三日相承，出於西方而東行。五年正月庚子，三日並照，虹霓彌天。日有重暈，左右兩珥。占曰：“白虹，兵氣也。三四五六日俱出並争，天下兵作，王立亦如其數。”[3]又曰：“三日並出，不過三旬，諸侯争爲帝。日重暈，天下有立王。暈而珥，天下有立侯。”故陳卓曰：“當有大慶，天下其三分乎！”三月而江東改元爲建武，劉聰、李雄亦跨曹劉疆宇，於是兵連累葉。

[1]辛未辰時：辰，原本、宋本、殿本作“庚”，據中華本校勘記改。

[2]日隕於地：文理不通。疑“日”爲“石”異寫之誤。

[3]王立亦如其數：王立，原本、宋本、殿本作“丁巳”，據中華本校勘記改。

元帝太興元年十一月乙卯，日夜出，高三丈，中有赤青珥。四年二月癸亥，日鬥。三月癸未，日中有黑子。四月辛亥，[1]帝親録訊囚徒。

[1]四月辛亥：原本、宋本、殿本無“四月”二字，據中華本校勘記補。

永昌元年十月辛卯，日中有黑子。時帝寵幸劉隗，擅威福，虧傷君道，王敦因之舉兵，逼京都，禍及忠賢。

明帝太寧元年正月己卯朔，日暈無光。癸巳，黄霧四塞。占曰："君道失明，陰陽昏，臣有陰謀。"京房曰："下專刑，兹謂分威，蒙微而日不明。"先是，王敦害尚書令刁協、僕射周顗、驃騎將軍戴若思等，是專刑之應。敦既陵上，卒伏其辜。十一月丙子，白虹貫日。史官不見，桂陽太守華包以聞。

成帝咸和九年七月，白虹貫日。

咸康元年七月，白虹貫日。二年七月，白虹貫日。自後庾氏專政，由后族而貴，蓋亦婦人擅國之義，故頻年白虹貫日。八年正月壬申，日中有黑子，丙子乃滅。夏，帝崩。

穆帝永和八年，張重華在涼州，日暴赤如火，中有三足烏，形見分明，五日乃止。十年十月庚辰，日中有黑子，大如鷄卵。十一年三月戊申，日中有黑子，大如桃，二枚。時天子幼弱，久不親國政。

升平三年十月丙午，日中有黑子，大如鷄卵。少時而帝崩。

海西公太和三年九月戊辰夜，二虹見東方。四年四月戊辰，日暈，厚密，白虹貫日中。十月乙未，日中有黑子。五年二月辛酉，日中有黑子，大如李。六年三月辛未，白虹貫日，日暈，五重。十一月，桓温廢帝，即簡文咸安元年也。

簡文咸安二年十一月丁丑，日中有黑子。

孝武寧康元年十一月乙酉，日中有黑子，大如李。二年三月庚寅，[1]日中有黑子二枚，大如鴨卵。十一月己巳，日中有黑子，大如鷄卵。時帝已長，而康獻皇后以從嫂臨朝，實傷君道，故日有瑕也。

[1]二年三月：二，殿本作“三”。

太元十三年二月庚子，日中有黑子二，大如李。十四年六月辛卯，日中又有黑子，大如李。二十年十一月辛卯，日中又有黑子。是時會稽王以母弟干政。

安帝隆安元年十二月壬辰，日暈，有背璚。是後不親萬機，會稽王世子元顯專行威罰。四年十一月辛亥，日中有黑子。

元興元年二月甲子，日暈，白虹貫日中。三月庚子，白虹貫日。未幾，桓玄克京都，王師改績。明年，玄篡位。

義熙元年五月庚午，日有彩珥。六年五月丙子，日暈，有璚。時有盧循逼京都，内外戒嚴。七月，循走。七年七月，五虹見東方。占曰：“天子黜。”其後劉裕代晋。十年，日在東井，有白虹十餘丈在南干日。灾在秦分，秦亡之象。

恭帝元熙二年正月壬辰，白氣貫日，東西有直珥各一丈，白氣貫之交匝。[1]

[1]十輝之法的詳細占語，已見本卷前載，自“吴孫權”至

"白氣貫之交匝"，均爲十輝之天象，即日面所出現的各種雲氣。故集中於此一並叙之。

月變

魏文帝黄初四年十一月，月暈北斗。[1] 占曰："有大喪，[2] 赦天下。"七年五月，帝崩，明帝即位，大赦天下。

[1] 月暈：《乙巳占》曰："月暈者，謂之逡巡也。人君乘土而王，其政失平，則月多暈而圓。月暈，受衝之國不安。月暈，臣下專權之象。"又説："月暈四重，天下易王。""接北斗，國有大兵，大戰流血，其分亡地。"

[2] 有大喪：原本無"有"字，作一字空白，宋本、殿本作"有"，據宋本、殿本補。

孝懷帝永嘉五年三月壬申丙夜，月蝕，既。丁夜又蝕，既。占曰："月蝕盡，大人憂。"又曰："其國貴人死。"

海西公太和四年閏月乙亥，月暈軫，復有白暈貫月北，暈斗柄三星。占曰："王者惡之。"六年，桓温廢帝。

安帝隆安五年三月甲子，月生齒。占曰："月生齒，天子有賊臣，群下自相殘。"桓玄篡逆之徵也。

義熙九年十二月辛卯朔，月猶見東方。是謂之仄匿，則侯王其肅。是時劉裕輔政，威刑自己，仄匿之應云。十一年十一月乙未，月入輿鬼而暈。占曰："主憂，財寶出。”一曰：“月暈，有赦。”

月奄犯五緯[1]

凡月蝕五星，其國皆亡。五星入月，其野有逐相。

[1]月奄犯五緯：奄，掩也。《乙巳占》曰：“掩者，覆蔽而滅之。”犯，《乙巳占》：“月與太白，一尺爲犯。”五緯，古代也以恒星星宿稱經星，與其相對，將五星稱爲五緯。

魏明帝太和五年十二月甲辰，月犯填星。[1]占曰：“女主當之。”[2]

[1]月犯填星：《開元占經》引《河圖帝覽嬉》曰：“月犯填星，爲亡地，期不出十年，其國以飢亡；一曰天下有大喪。”引《荆州占》曰：“月犯填星，其國貴人兵死，天下亂；一曰主死，先舉事者敗；若天下有大風。”

[2]占曰：“女主當之”：原本、宋本、殿本無此六字，據中華本校勘記補。

青龍二年十月乙丑，月又犯填星。占同上。戊寅，月犯太白。占曰：“人君死，又爲兵。”景初元年七月，公孫文懿叛。二年正月，遣宣帝討之。三年正月，天子崩。四年三月己巳，太白與月俱加景晝見，月犯太白。占同上。

景初元年十月丁未，月犯熒惑。[1]占曰：“貴人死。”二年四月，司徒韓暨薨。

[1]月犯熒惑：《開元占經》引《河圖帝覽嬉》曰："月犯熒惑，國内降貴人，兵死。"引京氏《妖占》曰："月犯熒惑，天下有女主憂。"

齊王嘉平元年正月甲午，太白襲月。宣帝奏永寧太后廢曹爽等。

惠帝太安二年十一月庚辰，歲星入月中。[1]占曰："國有逐相。"十二月壬寅，太白犯月。占曰："天下有兵。"三年正月己卯，月犯太白，[2]占同青龍二年。[3]七月，左衛將軍陳眕等率衆奉帝伐成都王，六軍敗績，兵逼乘輿。後二年，帝崩。

[1]歲星入月中：《開元占經》引《河圖帝覽嬉》曰："歲星入月中，其國有逐相。"引《春秋緯文曜鉤》曰："歲星入月中，以妃黨之譖去。"

[2]月犯太白：《開元占經》引《郗萌占》曰："月犯太白，將有兩心；戴太白，有卒兵。"引《河圖帝覽嬉》曰："月犯太白，强侯作難國，戰不勝，人君死，亡國。"

[3]青龍二年：二，原本、宋本、殿本作"元"，據中華本校勘記改。

元帝太興二年十一月辛巳，月犯熒惑。占曰："有亂臣。"三年十二月己未，太白入月，在斗。郭璞曰："月屬《坎》，陰府法象也。太白金行而來犯之，天意若曰，刑理失中，自毁其法。"四年十二月丁亥，月犯歲星，在房。占曰："其國兵飢，人流亡。"永昌元年三月，王敦作亂，率江荆之衆來攻，敗京都，殺將相。

又，鎮北將軍劉隗出奔，百姓並去南畝，困於兵革。四月，又殺湘州刺史、譙王司馬承，鎮南將軍甘卓。

成帝咸康元年二月乙未，太白入月。四月甲午，月犯太白。四年四月己巳，七月乙巳，月俱奄太白。占曰："人君死。又爲兵，人主惡之。"明年，石季龍之衆大寇沔南，於是内外戒嚴。五年四月辛未，月犯歲星，在胃。占曰："國飢，人流。"乙未，月犯歲星，在昴。及冬，有沔南、邾城之敗，百姓流亡萬餘家。六年二月乙未，太白入月。占曰："人主死。"四月甲午，月犯太白。占曰："人主惡之。"

穆帝永和八年十二月，月在東井，犯歲星。占曰："秦飢，人流亡。"是時兵革連起。十年十一月，月奄填星，在輿鬼。占曰："秦有兵。"時桓温伐苻健，健堅壁長安，温退。十二年八月，桓温破姚襄。

升平元年十一月壬午，月奄歲星，在房。占曰："人飢。"一曰："豫州有灾。"二年閏三月乙亥，月犯歲星，在房。占同上。三年，豫州刺史謝萬敗。三年三月乙酉，月犯太白，在昴。占曰："人君死。"一曰："趙地有兵，胡不安。"[1]四年正月，慕容儁卒。[2]五年正月乙丑辰時，月在危宿，奄太白。占曰："天下靡散。"三月丁未，月犯填星，在軫。占曰："爲大喪。"五月，穆帝崩。七月，慕容恪攻冀州刺史吕護於野王，拔之，護奔走。時桓温以大衆次宛，聞護敗，乃退。

[1]胡不安：殿本無此三字。

[2]慕容儁：殿本作"慕容雋"。

哀帝興寧元年十月丙戌，月奄太白，在須女。占曰：“天下靡散。”一曰：“災在揚州。”三年，洛陽没。其後桓温傾揚州資實北討，敗績，死亡太半。[1]及征袁真，淮南殘破。後慕容暐及苻堅互來侵境。三年正月乙卯，[2]月奄歲星，在參。占曰：“參，益州分也。”六月，鎮西將軍、益州刺史周撫卒。十月，梁州刺史司馬勛入益州以叛，朱序率衆助刺史周楚討平之。

[1]死亡太半：太，殿本作“大”。

[2]三年正月：三，殿本作“二”。

海西太和元年二月丙子，月奄熒惑，在參。占曰：“爲内亂，帝不終之徵。”一曰：“參，魏地。”五年，慕容暐爲苻堅所滅。

孝武太元十二年二月戊寅，熒惑入月。占曰：“有亂臣死，若有相戮者。”一曰：“女親爲政，天下亂。”是時琅邪王輔政，王妃從兄王國寶以姻昵受寵。又陳郡人袁悦昧私苟進，[1]交遘主相，扇揚朋黨。十三年，帝殺悦於市。於是主相有隙，亂階興矣。十三年十二月戊子，[2]辰星入月，[3]在危。占曰：“賊臣欲殺主，不出三年，必有内惡。”是後慕容垂、翟遼、姚萇、苻登、慕容永並阻兵争强。十四年十二月乙未，月犯歲星。占並同上。十五年，翟遼據司、兖，衆軍累討弗克，慕容氏又跨略并、冀。七月，旱。八月，諸郡大水，兖州又蝗。十八年正月乙酉，熒惑入月。占曰：“憂在宫中，非賊乃盗也。”一曰：“有亂臣，若有戮者。”二十一年九月，帝暴崩内殿，兆庶宣言，夫人張氏潛行大逆。又，王國寶邪狡，卒伏其辜。十九年四月己巳，月奄歲星。在尾。占曰："爲飢，燕國亡。"二十年，慕容垂遣息寶伐魏，反爲所破，死者數萬人。二十一年，垂死，國遂衰亡。

[1]袁悦：原本、宋本、殿本及中華本皆作"袁悦"。應爲"袁悦之"，本書卷七五有傳。

[2]十二月：殿本作"十一月"。

[3]辰星入月：《開元占經》引《河圖帝覽嬉》曰："月犯辰星，兵大起，上卿死，一曰廷尉有憂，期不出三年。"引《巫咸占》曰："辰星與月薄，所舍之宿，其主死，其國亡。"引《河圖帝覽喜》曰："月蝕辰星，其國以女亂亡，若水飢，期不出三年。又曰：兵未起而飢，所當之國，起兵戰不勝。"引《郗萌占》曰："辰星蝕月，大水。"

安帝隆安元年六月庚午，月奄太白，在太微端門外。占曰："國受兵。"乙酉，月奄歲星，在東壁。占曰："爲飢，衛地有兵。"二年六月，郗恢遣鄧啓方等以萬人伐慕容寶於滑臺，啓方敗。三年九月，桓玄等並舉兵，於是内外戒嚴。四年正月乙亥，月犯填星，在牽牛。占曰："吴越有兵喪，女主憂。"六月乙未，月又犯填星，在牽牛。十月乙未，月奄歲星，在北河。占曰："爲飢，胡有兵。"其四年五月，孫恩破會稽，殺内史謝琰。後又破高雅之於餘姚，死者十七八。七月，太皇太后李氏崩。[1]元興元年，孫恩寇臨海，人衆餓死，散亡殆盡。

[1]太皇太后：皇，原本、宋本、殿本作“和”，據中華本改。

元興元年四月辛丑，月奄辰星。七月，大飢，人相食。二年十一月辛巳，月犯熒惑。占悉同上。二年十二月，[1]桓玄簒位，放遷帝、后於尋陽，以永安何皇后爲零陵君。[2]三年二月，劉裕盡誅桓氏。三年二月甲辰，月奄歲星於左角。占曰：“天下兵起。”是年二月丙辰，[3]劉裕起義兵，殺桓脩等。明年正月，衆軍攻桓振，卒滅諸桓。

[1]二年十二月：十二月，原本、宋本作“十一月”，殿本作“十二月”，據《安帝紀》載桓玄簒位時間及殿本改。

[2]零陵君：零，原本、宋本作“遷”，殿本作“零”，據殿本、中華本校勘記改。

[3]二月丙辰：二月，原本、宋本、殿本作“三月”，據中華本校勘記改。改後干支相合。

義熙元年四月己卯，月犯填星，在東壁。占曰：“其地亡國。”一曰：“貴人死。”七月己未，月奄填星，在東壁。[1]占曰：“其國以伐亡。”一曰：“人流。”十月丁巳，月奄填星，在營室。占同上。十一月，荆州刺史魏咏之卒。二年二月，司馬國璠等攻没弋陽。三年，司徒、揚州刺史王謐薨。四年正月，太保、武陵王遵薨。三月，左僕射孔安國薨。二年十二月丙午，月奄太白，在危。占曰：“齊國亡。”[2]一曰：“强國君死。”五年四月，劉裕大軍北討慕容超，卒滅之。七年六月庚子，月犯歲星，在畢。占曰：“有邊兵，且飢。”八月乙未，月犯歲星，在參。占曰：“益州兵飢。”七月，朱齡石克蜀，[3]蜀人尋反，又討之。八年正月庚戌，月犯歲星，在畢。占同上。九年七月，朱齡石滅蜀。十二年五月甲申，月犯歲星，在左角。占曰：“爲飢。”十四年四月壬申，月犯填星，於張。占曰：“天下有大喪。”其年，[4]帝崩。

[1]在東壁：原本、宋本、殿本無“在”字，據中華本校勘記補。

[2]齊國亡：國亡，殿本作“亡國”。

[3]七月，朱齡石克蜀：據本書卷一〇《安帝紀》，朱齡石於義熙八年（412）十二月西征，此處七年七月克蜀顯然有誤。

[4]其年：原本、宋本、殿本作“其明年”，因義熙僅14年，故“明”字當爲衍文。今據中華本校勘記删。

恭帝元熙元年七月，月犯歲星。占悉同上。十二月丁已，月犯太白於羽林。二年六月，帝遜位，禪宋。[1]

[1]以上史傳發生的地域記載明確，而事驗也大多驚人地相合，真是神極了。例如，上載升平元年“月掩歲星，在房”，“三年，豫州刺史謝萬敗”。據“州郡躔次”載，房，對應潁川、汝南、沛郡、梁國、楚國，此正是豫州之地。又如，史傳載安帝隆安四年正月“月犯填星，在牽牛”；六月“月又犯填星，在牽牛”。這年五月，孫恩破會稽，殺内史謝琰。又“元興元年，孫恩寇臨海，人衆

餓死，散亡殆盡”。而據“州郡躔次”，牽牛對應會稽、臨淮、廣陵。又如，史傳載義熙七年八月“月犯歲星，在參”。“七月，朱齡石克蜀”，蜀人反。據“州郡躔次”參對應蜀、犍爲、牂柯、巴郡、漢中、益州。由此看來，史傳記載所發生的事件的地域，與天象發生的躔次幾乎完全對應。如果這些都是事實，那麽，這些星占的占語，就能與實驗室觀察所總結出來的結論相提並論了。但事實上，一些天文史家已對古代這些星占天象記録作過驗算，發現這些記録有相當一部分都與事實有出入，是經過星占家或他人改造過的。星占不是科學。這里所載的“占曰”，是實際天象發生後，當時星占家依據當時政治形勢所下的判語，是對衆多占語有選擇的。

五星聚舍[1]

魏明帝太和四年七月壬戌，[2]太白犯歲星。[3]占曰：“大白犯五星，[4]有大兵。”五年三月，諸葛亮以大衆寇天水。時宣帝爲大將軍，距退之。

[1]五星聚舍：此處的“五星聚舍”，即五星淩犯之義，並不一定要五星都齊全。

[2]七月：殿本作“十一月”。

[3]犯：中國古代星占家對星體之間相對位置的觀察是十分精細的，對星體間不同的接近方式和程度，各給以不同的名稱。例如有聚、合、出、入、犯、淩、守、鬥、乘、奄等，現主要依據《乙巳占》的解釋，予以闡述。犯，月和五星，同行至某個星宿之位，光曜自下侵犯之象。一般以相距七尺以内爲犯；月和太白較明亮，在一尺以内爲犯。在古人的觀念中，大約以一尺爲一度。

[4]大白：大，宋本、殿本作“太”。

青龍二年二月己未，太白犯熒惑。占曰：“大兵起，有大戰。”是年四月，諸葛亮據渭南，吴亦起兵應之，魏東西奔命。

惠帝元康三年，填星、歲星、太白三星聚於畢、昴。[1]占曰：“爲兵喪。畢、昴，趙地也。”後賈后陷殺太子，趙王廢后，又殺之，斬張華、裴頠，遂篡位，廢帝爲太上皇，天下從此遘亂連禍。

[1]填星、歲星、太白三星：星，原本、宋本作“歲”，殿本作“星”，據殿本改。　聚：三顆及三顆以上星集於一處爲聚。聚爲集會之象。

永寧二年十一月，熒惑、太白鬥於虚、危。[1]占曰：“大兵起，破軍殺將。虚、危，又齊分。”十二月，熒惑襲太白於營室。[2]占曰：“天下兵起，亡君之戒。”一曰：“易相。”初，齊王冏之京都，因留輔政，遂專傲無君。是月，成都、河間檄長沙王乂討之，冏、乂交戰，攻焚宫闕，冏兵敗，夷滅。又殺其兄上軍將軍寔以下二十餘人。[3]太安二年，成都又攻長沙，於是公私飢困，百姓力屈。

[1]鬥：爲兩個星體互相競鬥之象。《乙巳占》曰：“天子失據，四夷迭侵，兵賊俱起，擊賊將興之象。”

[2]襲：即侵。侵，越禮而進，以大迫小，自上逼下，損害之象。

[3]上軍將軍寔：即司馬寔。寔，原本、宋本、殿本作“實”，據其本傳及中華本改。　二十餘人：十，宋本作“千”。

太安三年正月，熒惑犯歲星。占曰："有戰。"七月，左衛將軍陳眕奉帝伐成都，六軍敗績。

光熙元年九月，填星犯歲星。占曰："填與歲合，爲内亂。"是時司馬越專權，終以無禮破滅，内亂之應也。十二月癸未，太白犯填星。占曰："爲内亂兵，[1]有大戰。"是後河間王爲東海王越所殺。明年正月，東海王越殺諸葛玫等。五月，汲桑破馮嵩，殺東燕王。八月，苟晞破汲桑。

[1]爲内亂兵：殿本無"亂"字。

懷帝永嘉六年七月，熒惑、歲星、太白聚牛、女之間，徘徊進退。案占曰"牛、女，揚州分"，是後兩都傾覆，而元帝中興揚土。

建武元年五月癸未，太白、熒惑合於東井。[1]占曰："金火合曰爍，[2]爲喪。"是時愍帝蒙塵於平陽，七月崩於寇庭。

[1]合：兩星相逢，同處一宿之中。和順相合則吉，乘逆而合則凶。

[2]金火合曰爍：《史記·天官書》曰："火與水合爲粹，與金合爲鑠。"鑠同爍，爲熔化之義。金與火合，象徵金屬遇火，要發生熔化。

元帝太興二年七月甲午，歲星、熒惑會於東井。[1]八月乙未，太白犯歲星，合在翼。占曰："爲兵飢。"三年六月丙辰，太白與歲星合於房。占同上。永昌元年王敦攻京師，六軍敗績。王敦尋死。

[1]會：一逆一順運行，其速一遲一疾，相逢於同一舍中爲會。

成帝咸康三年十一月乙丑，太白犯歲星於營室。占曰："爲兵飢。"四年二月，石季龍破幽州，遷萬餘家以南。五年，季龍衆五萬寇沔南，略七千余家而去。又騎二萬圍陷邾城，殺略五千餘人。四年十二月癸丑，太白犯填星，在箕。占曰："王者亡地。"七年，慕容皝自稱燕王。七年三月，太白熒惑合於太微中，犯左執法。明年，顯宗崩。八年十二月己酉，太白犯熒惑於胃。占曰："大兵起。"其後庾翼大發兵，謀伐石季龍，專制上流。

康帝建元元年八月丁未，太白犯歲星，在軫。占曰："有大兵。"是年石季龍將劉寧寇没狄道。

穆帝永和四年五月，熒惑入婁，[1]犯填星。占曰："兵大起，有喪，灾在趙。"其年石季龍死，來年冉閔殺石遵及諸胡十萬餘人，其後褚裒北伐，喪衆而薨。六年三月戊戌，熒惑犯歲星。占曰："爲戰。"七年三月戊子，歲星、熒惑合於奎。其年劉顯殺石祗及諸胡帥，中土大亂。十二年七月丁卯，太白犯填星，在柳。占曰："周地有大兵。"其年八月，桓温伐苻健，退，因破姚襄於伊水，定周地。

[1]入：《乙巳占》曰："入者，不應來而來也，屬乎妖禍之兆。

妖禍入，則亡亂之象。若其常行，初至其分，禍妖在其間，同體失色爲入；過其坐位，離其宿分爲出；福入刑出則吉；德出福入，此其常也。故論出入者，有此六途。”

升平二年八月戊午，熒惑犯填星，在張。占曰：“兵大起。”三年八月庚午，太白犯填星，在太微中。占曰：“王者惡之。”五年十月丁卯，熒惑犯歲星，在營室。占曰：“大臣有匿謀。”一曰：“衛地有兵。”時桓温擅權，謀移晋室。

海西公太和元年八月戊午，太白犯歲星，在太微中。三年六月甲寅，太白奄熒惑，在太微端門中。六年，海西公廢。

簡文咸安二年正月己酉，歲星犯填星，在須女。占曰：“爲内亂。”七月，帝崩，桓温擅權，謀殺侍中王坦之等，[1]内亂之應。

[1]侍中：殿本乙作“中侍”。

孝武寧康二年十一月癸酉，太白奄熒惑，在營室。占曰：“金火合爲爍，爲兵喪。”太元元年七月，苻堅伐凉州，破之，虜張天錫。

太元十一年十二月己丑，太白犯歲星。占曰：“爲兵飢。”是時河朔未平，兵連在外，冬大飢。十七年九月丁丑，歲星、熒惑、填星同在亢、氐。十二月癸酉，填星去，熒惑、歲星猶合。占曰：“三星合，是謂驚立絶行，内外有兵喪與飢，改立王公。”十九年十月，太白、填星、熒惑、辰星合於氐。十二月癸丑，太白犯歲星，在斗。占曰："爲亂飢，爲内兵。斗，吴越分。"至隆安元年，王恭等舉兵，顯王國寶之罪，朝廷殺之。是後連歲水旱飢。

安帝隆安元年二月，歲星、熒惑皆入羽林。占曰："中軍兵起。"四月，王恭等舉兵，内外戒嚴。

元興元年八月庚子，太白犯歲星，在上將東南。占曰："楚兵飢。"一曰："灾在上將。"二年，桓玄篡位。三年，劉裕盡誅桓氏。二年十月丁丑，太白犯填星，在婁。占同上。三年二月壬辰，太白、熒惑合於羽林。二年十二月，桓玄篡位，放遷帝、后。三年二月，劉裕起義兵，桓玄逼帝東下。

義熙二年十二月丁未，熒惑、太白皆入羽林，又合於壁。三年正月，慕容超寇淮北、徐州，至下邳。八月，遣劉敬宣伐蜀。三年二月癸亥，熒惑、填星、太白、辰星聚於奎、婁，從填星也，徐州分。是時，慕容超僭號於齊，兵連徐、兗，連歲寇抄，至於淮泗，姚興、譙縱僭號秦蜀，盧循及魏南北交侵。其五年，劉裕北殄慕容超。其六月辛卯，熒惑犯辰星，在翼。占曰："天下兵起。"八月己卯，太白奄熒惑。占曰："有大兵。"其四年，姚略遣衆征赫連勃勃，大爲所破。五年四月甲戌，熒惑犯辰星，在東井。占曰："皆爲兵。"十二月辛丑，太白犯歲星，在奎。占曰："大兵起，魯有兵。"是年四月，劉裕討慕容超。六年二月，滅慕容超於魯地。七年七月丁卯，歲星犯填星，在參。占曰：

“歲填合，爲内亂。”一曰：“益州戰，不勝，亡地。”是時朱齡石伐蜀，後竟滅之。明年，誅謝混、劉毅。八年七月甲申，[1]太白犯填星，在東井。占曰：“秦有大兵。”九年二月丙午，熒惑、填星皆犯東井。占曰：“秦有兵。”三月壬辰，歲星、熒惑、填星、太白聚於東井，從歲星也。東井，秦分。十三年，劉裕定關中，其後遂移晋祚。十四年十月癸巳，熒惑入太微，犯西蕃上將，仍順行至左掖門内，留二十日乃逆行。至恭帝元熙元年三月五日，出西蕃上將西三尺許，又順還入太微。時填星在太微，熒惑繞填星成鈎己，[2]其年四月丙戌，從端門出。占曰：“熒惑與填星鈎己天庭，天下更紀。”十二月，安帝母弟琅邪王踐阼，是曰恭帝。[3]來年，禪於宋。

[1]七月甲申：七月，原本、宋本、殿本作“十月”，據中華本校勘記改。

[2]鈎己：《乙巳占》曰：“勾者，一往一返，如勾之狀。己者，往而返，返而又往，再勾如己狀。”謂星體去而復來，環行如鈎，成“己”字狀。己，原本、宋本、殿本作“巳”，據中華本改。

[3]是曰恭帝：曰，原本、宋本、殿本作“日”，據中華本改。

晋書　卷一三

志第三

天文下

月五星犯列舍　經星變附見[1]　妖星客星　星流隕　雲氣

月五星犯列舍　經星變附見

魏文帝黄初四年三月癸卯，[2]月犯心大星。占曰："心爲天王位，王者惡之。"六月甲申，太白晝見。案劉向《五紀論》曰："太白少陰，弱，不得專行，故以己未爲界，不得經天而行。[3]經天則晝見，其占爲兵喪，爲不臣，爲更王；强國弱，小國强。"是時孫權受魏爵號，而稱兵距守。其十二月丙子，月犯心大星。占同上。五年十月乙卯，太白晝見。占同上。又歲星入太微逆行，積百四十九日乃出。占曰："五星入太微，從右入三十日以上，人主有大憂。"一曰："有赦至。"七年五月，帝崩，明帝即位，大赦天下。六年五月壬戌，熒惑入太微，至壬申，與歲星相及，俱犯右執法，至癸酉乃出。占曰：“從右入三十日以上，人主有大憂。”又曰：[4]“月、五星犯左右執法，大臣有憂。”一曰：“執法者誅，金、火尤甚。”十一月，皇子東武陽王鑒薨。[5]七年正月，驃騎將軍曹洪免爲庶人。[6]四月，征南大將軍夏侯尚薨。五月，帝崩。《蜀記》稱明帝問黄權曰：“天下鼎立，何地爲正？”對曰：“當驗天文。往者熒惑守心而文帝崩，[7]吴、蜀無事，此其徵也。”案三國史並無熒惑守心之文，疑是入太微。[8]八月，吴遂圍江夏，寇襄陽，大將軍宣帝救襄陽，斬吴將張霸等，兵喪更王之應也。

[1]經星變附見：原本卷首目録並未將此標題附於“月五星犯列舍”下，據原本正文標題改。

[2]魏文帝：原本、宋本、殿本無“帝”字，據中華本補。

[3]不得經天而行：《乙巳占》曰：“經天者，謂太白昏旦當午而見也。”這就是説太白不能經天而行，如果出現經天而行現象，就將出現占語所斷。金星是内行星，在地球上當然不能在夜間見其中天。

[4]又曰：曰，原本、宋本、殿本作“日”，據中華本改。

[5]皇子：皇，宋本作“星”。

[6]曹洪：原本、宋本作“王洪”，殿本作“曹洪”，據殿本改。

[7]守：留住之象，停留不動，作守候之狀。

[8]疑是入太微：疑，原本作“宜”，宋本、殿本作“疑”，據宋本、殿本改。

明帝太和五年五月，熒惑犯房。占曰：“房四星，股肱臣將相位也，月、五星犯守之，將相有憂。”其七月，車騎將軍張郃追諸葛亮，爲亮所害。十二月，太尉華歆薨。其十一月乙酉，月犯軒轅大星。占曰：“女主憂。”六年三月乙亥，月又犯軒轅大星。十一月丙寅，太白晝見南斗，遂歷八十餘日，恒見。占曰：“吴有兵。”明年，孫權遣張彌等將兵萬人，錫授公孫文懿爲燕王，文懿斬彌等，虜其衆。青龍三年正月，[1]太后郭氏崩。

[1]三年：殿本作“二年”。

青龍二年三月辛卯，[1]月犯輿鬼。輿鬼主斬殺。占曰：“人多病，國有憂。”又曰：“大臣憂。”是年夏及冬，大疫。四年五月，司徒董昭薨。其五月丁亥，太白晝見，積三十餘日。以晷度推之，非秦、魏，則楚也。[2]是時，諸葛亮據渭南，宣帝與相持；孫權寇合肥，又遣陸議、孫韶等入淮沔，[3]天子親東征。蜀本秦地，則爲秦、魏及楚兵悉起矣。其七月己巳，月犯楗閉。占曰：“有火灾。”三年七月，崇華殿灾。三年六月丁未，填星犯井鉞。戊戌，太白又犯之。占曰：“凡月、五星犯井鉞，悉爲兵灾。”一曰：“斧鉞用，大臣誅。”七月己丑，填星犯東井距星。占曰：“填星入井，大人憂。”行近距，爲行陰。其占曰：“大水，五穀不成。”景初元年夏，大水，傷五穀。[4]其年十月壬申，太白晝見，在尾，歷二百餘日，恒晝見。占曰：“尾爲燕，有兵。”十二月戊辰，月犯鈎鈐。占曰："王者憂。"四年閏正月己巳，填星犯井、鉞。三月癸卯，填星犯東井。己巳，太白與月加景晝見。五月壬寅，太白犯畢左股第一星。占曰："畢爲邊兵，又主刑罰。"九月，凉州塞外胡阿畢師使侵犯諸國，西域校尉張就討之，斬首捕虜萬計。其年七月甲寅，[5]太白犯軒轅大星。占曰："女主憂。"景初元年，皇后毛氏崩。

[1]青龍二年：二年，原本、宋本、殿本作"三年"，據中華本校勘記改。

[2]非秦、魏，則楚也：據"州郡躔次"，輿鬼對應上黨。《淮南子·天文訓》以東井、輿鬼爲秦地。故曰"以晷度推之，非秦、魏，則楚也"。

[3]又遣陸議、孫韶等入淮沔：孫韶，原本、宋本、殿本作"孫昭"，按三國吴嘉禾三年（234）孫權攻魏，派孫韶等進攻廣陵，非孫昭。此據中華本改。

[4]"七月己丑"至"大水，傷五穀"：《開元占經》曰："東井主水。""井中六星主水衡。其星明大，水横流。"又引石申曰："東井墮，天下涌水。井、鉞去，則水滿。"故曰填星、太白犯或入井、鉞，"大水，五穀不成"。

[5]其年七月：原本、宋本無"年"字，殿本有，據殿本補。

景初元年二月乙酉，月犯房第二星。占曰："將相有憂。"[1]其七月，司徒陳矯薨。二年四月，司徒韓暨薨。其七月辛卯，太白晝見，積二百八十餘日。時公孫文懿自立爲燕王，署置百官，發兵距守，宣帝討滅之。二年二月己丑，月犯心距星，又犯中央大星。五月乙亥，月又犯心距星及中央大星。案占曰："王者惡之。犯前星，太子有憂。"三年正月，帝崩。太子立，卒見廢。其年十月甲午，月犯箕。占曰："將軍死。"正始元年四月，車騎將軍黄權薨。其閏十一月癸丑，月犯心中央大星。

［1］將相：殿本作"將軍"。

少帝正始元年四月戊午，月犯昴東頭第一星。十月庚寅，月又犯昴、北斗四星。[1] 占曰："月犯昴，胡不安。"[2] 二年六月，鮮卑阿妙兒等寇西方，敦煌太守王延破之，斬二萬餘級。三年，又斬鮮卑大帥及千餘級。二年九月癸酉，月犯輿鬼西北星。三年二月丁未，又犯西南星。占曰："有錢令。"一曰："大臣憂。"三年三月，[3] 太尉滿寵薨。四年正月，帝加元服，賜群臣錢各有差。四年十月、十一月，月再犯井鉞。是月，宣帝討諸葛恪，恪棄城走。五年二月，[4] 曹爽征蜀。五年十一月癸巳，填星犯亢距星。占曰："諸侯有失國者。"七年七月丁丑，月犯左角。占曰："天下有兵，左將軍死。"七月乙亥，熒惑犯畢距星。占曰："有邊兵。"一曰："刑罰用。"九年正月辛亥，月犯亢南星。占曰："兵起。"一曰："將軍死。"七月癸丑，填星犯楗閉。占曰："王者不宜出宫下殿。"嘉平元年，天子謁陵，宣帝奏誅曹爽等。天子野宿，於是失勢。

［1］北斗四星：斗，原本、宋本、殿本作"第"，據中華本改。

[2]月犯昴，胡不安：《史記·天官書》曰："昴曰髦頭，胡星也。"故曰。

[3]三年三月：三月，殿本作"二月"。

[4]五年二月：二月，原本、宋本作"三月"，按《三國志》卷四《魏書四·三少帝紀》，曹爽伐蜀在正始五年（244）二月。殿本亦作"二月"，據改。

嘉平元年六月壬戌，太白犯東井距星。占曰："國失政，大臣爲亂。"四月辛巳，太白犯輿鬼。占曰："大臣誅。"[1]一曰："兵起。"二年三月己未，太白又犯井距星。三年七月，王淩與楚王彪有謀，[2]皆伏誅，人主遂卑。

[1]大臣誅：大，殿本作"人"。

[2]王淩：原本、宋本作"王陵"，殿本作"王淩"，據下文"王淩"、本傳及中華本改。

吴孫權赤烏十三年夏五月，日北至，熒惑逆行，入南斗。秋七月，犯魁第三星而東。《漢晋春秋》云"逆行"。案占："熒惑入南斗，三月吴王死。"一曰："熒惑逆行，其地有死君。"太元二年，[1]權薨，是其應也，故《國志》書於吴。是時，王淩謀立楚王彪，謂"斗中有星，當有暴貴者"，以問知星人浩詳。詳疑有故，欲悦其意，不言吴有死喪，而言"淮南楚分，吴、楚同占，當有王者興"，故淩計遂定。

[1]太元二年：太元，原本、宋本、殿本作“太和”。按孫權卒於吴太元二年（252），“太和”誤。中華本作“太元”，據改。

嘉平二年十二月丙申，月犯輿鬼。三年四月戊寅，月犯東井。五月甲寅，月犯亢距星。占曰：“將軍死。”一曰：“爲兵。”是月，王淩、楚王彪等誅。七月，皇后甄氏崩。四年三月，吴將爲寇，鎮東將軍諸葛誕破走之。其年七月己巳，月犯輿鬼。九月乙巳，又犯之。十月癸未，熒惑犯亢南星。占曰：“臣有亂。”四年十一月丁未，月又犯鬼積尸。五年六月戊午，太白犯角。占曰：“群臣有謀，不成。”庚辰，月犯箕星。占曰：“將軍死。”七月，月犯井、鉞。丙午，月又犯鬼西北星。占曰：“國有憂。”十一月癸酉，月犯東井距星。占曰：“將軍死。”正元元年正月，鎮東將軍毌丘儉、揚州刺史文欽反，兵俱敗，誅死。二月，李豐及弟翼、后父張緝等謀亂，事泄，悉誅，皇后張氏廢。九月，帝廢爲齊王。蜀將姜維攻隴西，車騎將軍郭淮討破之。

高貴鄉公正元二年二月戊午，熒惑犯東井北轅西頭第一星。

甘露元年七月乙卯，熒惑犯東井、鉞星。壬戌，月又犯鉞星。八月辛亥，月犯箕。

吴廢孫亮太平元年九月壬辰，太白犯南斗，《吴志》所書也。占曰：“太白犯斗，國有兵，大臣有反者。”其明年，諸葛誕反。又明年，孫綝廢亮。吴、魏並有兵事也。[1]

[1]關於太白犯斗，《開元占經》引石申曰："太白入斗，大人禦守，有兵兵罷，將軍爲亂。"引甘德曰："太白入南斗，將軍戮死，國易政，期三年。"引《海中占》曰："太白入南斗，將相有黜者，一曰有被殺者。"《漢書·天文志》也有類似記載。

甘露元年九月丁巳，月犯東井。二年六月己酉，月犯心中央大星。八月壬子，歲星犯井、鉞。九月庚寅，歲星逆行，乘井、鉞。[1]十月丙寅，太白犯亢距星。占曰："逆臣爲亂，人君憂。"景元元年五月，有成濟之變及諸葛誕誅，皆其應也。二年三月庚子，太白犯東井。占曰："國失政，大臣爲亂。"是夜，歲星又犯東井。占曰："兵起。"至景元元年，高貴鄉公敗。三年八月壬辰，歲星犯輿鬼鑕星。占曰："斧鑕用，大臣誅。"四年四月甲申，歲星又犯輿鬼東南星。占曰："鬼東南星主兵，木入鬼，大臣誅。"景元元年，殺尚書王經。

[1]乘：《乙巳占》曰："乘者，自上爲下，臨迫之象。乘者，駕御壓伏之象也。"

元帝景元元年二月，月犯建星。案占："月、五星犯建星，大臣相譖。"是後鍾會、鄧艾破蜀，會譖艾。二年四月，熒惑入太微，犯右執法。占曰："人主有大憂。"一云："大臣憂。"四年十月，歲星守房。占曰："將相憂。"一云："有大赦。"明年，鄧艾、鍾會皆夷滅，[1]赦蜀土。五年，帝遜位。

[1]鄧艾：原本、宋本無“艾”字，殿本有，據上文及殿本補。

武帝咸寧四年九月，太白當見不見。占曰：“是謂失舍，不有破軍，必有亡國。”是時羊祜表求伐吴，上許之。五年十一月，兵出，太白始夕見西方。太康元年三月，大破吴軍，孫皓面縛請罪，吴國遂亡。

太康八年三月，熒惑守心。占曰：“王者惡之。”太熙元年四月己酉，[1]帝崩。

[1]四月己酉：己酉，原本、宋本、殿本作“乙酉”，據中華本校勘記改。

惠帝元康三年四月，熒惑守太微六十日。占曰：“諸侯三公謀其上，必有斬臣。”一曰：“天子亡國。”是春太白守畢，至是百餘日。占曰：“有急令之憂。”一曰：“相死。”又爲邊境不安。後賈后陷殺太子。六年十月乙未，太白晝見。九年六月，熒惑守心。占曰：“王者惡之。”八月，熒惑入羽林。占曰：“禁兵大起。”其後，帝見廢爲太上皇，俄而三王起兵討趙王倫，倫悉遣中軍兵相距累月。

永康元年三月，中臺星拆，[1]太白晝見。占曰：“臺星失常，三公憂。太白晝見，爲不臣。”是月，賈后殺太子，趙王倫尋廢殺后，斬司空張華。其五月，熒惑入南斗。占曰：“宰相死，兵大起。斗，又吴分野。”是時，趙王倫爲相，明年，篡位，三王興師誅之。太安二年，石冰破揚州。其八月，熒惑入箕。占曰："人主失位，兵起。"明年，趙王倫篡位，改元。二年二月，太白出西方，逆行入東井。占曰："國失政，大臣爲亂。"是時，齊王冏起兵討趙王倫，倫滅，冏擁兵不朝，專權淫奢，明年，誅死。

[1]中臺星拆：本書《天文上》曰："三臺六星，兩兩而居，起文昌，列抵太微。""次二星曰中臺，爲司中，主宗室。"拆，即"坼"，分列，開圻。

永寧元年，自正月至於閏月，五星互經天，縱横無常。《星傳》曰："日陽，君道也；星陰，臣道也。日出則星亡，臣不得專也。晝而星見午上者爲經天，[1]其占'爲不臣，爲更王'。"今五星悉經天，天變所未有也。石氏説曰："辰星晝見，其國不亡則大亂。"是後，臺鼎方伯，互執大權，二帝流亡，遂至六夷更王，迭據華夏，亦載籍所未有也。其四月，歲星晝見。五月，太白晝見。占同前。七月，歲星守虚、危。占曰："木守虚、危，有兵憂。虚、危，齊分。"一曰："守虚，饑；守危，徭役煩多，下屈竭。"辰星入太微，占曰"爲内亂"，一曰："群臣相殺。"太白守右掖門，占曰："爲兵，爲亂，爲賊。"八月戊午，填星犯左執法，又犯上相，占曰："上相憂。"熒惑守昴，占曰："趙、魏有災。"辰星守輿鬼，占曰："秦有災。"九月丁未，月犯左角。占曰："人主憂。"一曰："左衛將軍死，天下有兵。"二年四月癸酉，歲星晝見。占曰："爲臣强。"初，齊王冏定京都，因留輔政，遂專傲無君。[2]是月，成都、河間檄長沙王乂討之。冏、乂交戰，[3]攻焚宫闕，冏兵敗，夷滅。又殺其兄上軍將軍寔以下二十餘人。太安二年，成都攻長沙，於是公私饑困，百姓力屈。

[1]晝而星見午上者爲經天：午，殿本作“于”。

[2]遂專傲無君：便專權横行，驕傲，目中無君。

[3]冏、乂交戰：乂，原本、宋本作“又”，殿本作“乂”，據上文、本傳及殿本改。

太安二年二月，太白入昴。占曰：“天下擾，兵大起。”七月，熒惑入東井。占曰：“兵起，國亂。”是秋，太白守太微上將。占曰：“上將以兵亡。”是年冬，成都、河間攻洛陽。八月，[1]長沙王奉帝出距二王。三年正月，[2]東海王越執長沙王乂，張方又殺之。三年正月，熒惑入南斗，占同永康。七月，左衛將軍陳眕率衆奉帝伐成都，六軍敗績，兵逼乘輿。是時，天下盜賊群起，張昌尤盛。

[1]八月：月，殿本作“年”。

[2]三年正月：三年，原本、宋本、殿本作“二年”。按據本書卷四《惠帝紀》司馬乂於太安二年（303）十一月壬寅被執，據司馬乂本傳及《資治通鑑》載，其於永興元年（304）正月被廢殺，太安三年即應爲永興元年。中華本作“三年”，據改。

永興元年七月庚申，太白犯角、亢，經房、心，歷尾、箕。九月，入南斗。占曰：“犯角，天下大戰；犯亢，有大兵，人君憂；入房心，爲兵喪；犯尾箕，女主憂。”一曰：“天下大亂。入南斗，有兵喪。”一曰：“將軍爲亂。其所犯守，又兖、豫、幽、冀、揚州之分野。”是年七月，有蕩陰之役，九月，王浚殺幽州刺史和演，[1]攻鄴，鄴潰，於是兖、豫爲天下兵衝，陳敏又亂揚土，劉元海、石勒、李雄等並起微賤，跨有州郡，皇后羊氏數被幽廢，皆其應也。二年四月丙子，太白犯狼星。占曰：“大兵起。”九月，歲星守東井。占曰：“有兵，井又秦分野。”是年，苟晞破公師藩，張方破范陽王虓，[2]關西諸將攻河間王顒，顒奔走，東海王迎殺之。

[1]王浚：原本作“楊浚”，宋本、殿本作“王浚”，據王浚本傳及宋本、殿本改。　和演：宋本無“演”字。

[2]范陽王虓：虓，原本、宋本作“彪”，殿本作“虓”，據其本傳及殿本改。

光熙元年四月，太白失行，自翼入尾、箕。占曰：“太白失行而北，是謂反生。不有破軍，必有屠城。”五月，汲桑攻鄴，魏郡太守馮嵩出戰，大敗，桑遂害東燕王騰，殺萬餘人，焚燒魏時宮室皆盡。其九月丁未，熒惑守心。占曰：“王者惡之。”己亥，填星守房、心。占曰：“填守房，多禍喪；守心，國内亂，天下赦。”是時，司馬越專權，終以無禮破滅，内亂之應也。十一月，帝崩，懷帝即位，大赦天下。

懷帝永嘉元年十二月丁亥，星流震散。案劉向説，天官列宿，在位之象；其衆小星無名者，衆庶之類。此百官衆庶將流散之象也。是後天下大亂，百官萬姓，流移轉死矣。二年正月庚午，太白伏不見，二月庚子，始晨見東方，是謂當見不見，占同上條。其後破軍殺將，不可勝數，帝崩虜庭，中夏淪覆。三年正月庚子，熒惑犯紫微。占曰："當有野死之王，又爲火燒宫。"是時太史令高堂冲奏，乘輿宜遷幸，不然必無洛陽。五年六月，劉曜、王彌入京都，焚燒宫廟，執帝歸平陽。三年，填星久守南斗。占曰："填星所居久者，[1]其國有福。"是時，安東將軍、琅邪王始有揚土。其年十一月，地動，陳卓以爲是地動應也。五年十月，熒惑守心。六年六月丁卯，太白犯太微。占曰："兵入天子庭，王者惡之。"七年，[2]帝崩於寇庭，天下行服大臨。

[1]填星：宋本無"星"字。
[2]七年：原本、宋本、殿本作"七月"，據中華本校勘記改。

元帝太興元年七月，太白犯南斗。占曰："吴、越有兵，大人憂。"二年二月甲申，熒惑犯東井。占曰："兵起，貴臣相戮。"八月己卯，太白犯軒轅大星。占曰："後宫憂。"三年五月戊子，太白入太微，又犯上將星。占曰："天子自將，上將誅。"九月，太白犯南斗。十月己亥，熒惑在東井，居五諸侯南，踟躕留積三十日。占曰："熒惑守井二十日以上，大人憂。守五諸侯，諸侯有誅者。"永昌元年三月，王敦率江荆之衆來攻京都，六軍距戰，敗績，人主謝過而已。於是殺護軍將軍周顗、尚書令刁協、驃騎將軍戴若思。又，鎮北將軍劉隗出奔。四月，又殺湘州刺史、譙王司馬承，鎮南將軍甘卓。閏十二月，帝崩。

明帝太寧三年正月，熒惑逆行，入太微。占曰："爲兵喪，王者惡之。"閏八月，帝崩。後二年，蘇峻反，攻焚宫室，太后以憂逼崩，天子幽劫於石頭城，遠近兵亂，至四年乃息。

成帝咸和六年正月丙辰，月入南斗。占曰："有兵。"是月，石勒殺略婁、武進二縣人。明年，石勒衆又抄略南沙、海虞。其十一月，熒惑守胃、昴。占曰："趙、魏有兵。"八年七月，石勒死，石季龍自立。是時，雖二石僭號，而其强弱常占於昴，不關太微、紫宫也。八年三月己巳，月入南斗。與六年占同。其年七月，石勒死，彭彪以譙、石生以長安、郭權以秦州並歸順。於是遣督護喬球率衆救彪，[1]彪敗，球退。又，石季龍、石斌攻滅生、權。其七月，熒惑入昴。占曰："胡王死。"一曰："趙地有兵。"是月，石勒死，石季龍多所攻没。八月，月又犯昴。占曰："胡不安。"九年三月己亥，熒惑入輿鬼，犯積尸。占曰："兵在西北，有没軍死將。"六月、八月，月又犯昴。是時，石弘雖襲勒位，而石季龍擅威横暴，十一月廢弘自立，遂幽殺之。

[1]喬球：中華本校勘記："勞校：《宋志》'喬球'作'高球'"。

咸康元年二月己亥，太白犯昴。占曰："兵起，歲中旱。"四月，石季龍略騎至歷陽，加司徒王導大司馬，治兵列戍衝要。是時，石季龍又圍襄陽。六月，旱。其年三月丙戌，[1]月入昴。占曰："胡王死。"八月戊戌，熒惑入東井。占曰："無兵，兵起；有兵，兵止。"十一月，月犯昴。二年正月辛卯，[2]月犯房南第二星。八月，月又犯昴。九月庚寅，太白犯南斗，因晝見。占曰："斗爲宰相，又揚州分，金犯之，[3]死喪之象。晝見，爲不臣，又爲兵喪。"其後，石季龍僭稱天王，發衆七萬，四年二月自隴西攻段遼於薊，又襲慕容皝於棘城，不克，皝擊破其將麻秋，并虜段遼殺之。三年七月己酉，月犯房上星。八月，熒惑入輿鬼，犯積尸。甲戌，月犯東井距星。九月戊子，月犯建星。四年四月己巳，太白晝見，在柳。占曰："爲兵，爲不臣。"明年，石季龍大寇沔南，於是内外戒嚴。其五月戊戌，熒惑犯右執法。占曰："大臣死，執政者憂。"九月，太白又犯右執法。案占："五星災同，金火尤甚。"[4]十一月戊子，太白犯房上星。占曰："上相憂。"五年四月乙未，月犯畢距星。占曰："兵起。"七月己酉，月犯房上星。占曰："將相憂。"是月庚申，丞相王導薨，庾冰代輔政。八月，太尉郗鑒薨。又有沔南邾城之敗，百姓流亡萬餘家。[5]六年正月，征西大將軍庾亮薨。六年三月甲辰，熒惑犯太微上將星。占曰："上將憂。"四月丁丑，熒惑犯右執法。占曰："執政者憂。"六月乙亥，月犯牽牛中央星。占曰："大將憂。"是時，尚書令何充爲執法，有譴，欲避其咎，明年求爲中書令。其四月丙午，太白犯畢距星。占曰：“兵革起。”一曰：“女主憂。”六月乙卯，太白犯軒轅大星。占曰：“女主憂。”七年三月，皇后杜氏崩。七年三月壬午，月犯房。四月己丑，太白入輿鬼。五月，太白晝見。八月辛丑，月犯輿鬼。八年六月，熒惑犯房上第二星。占曰：“次相憂。”八月壬寅，月犯畢。占曰：“下犯上，兵革起。”十月，月又掩畢大星。占同上。其建元二年，[6]車騎將軍庾冰薨。庾翼大發兵，謀伐石季龍，專制上流，朝廷憚之。

[1]三月丙戌：三月，原本、宋本、殿本作“二月”，據中華本校勘記改。

[2]二年正月辛卯：辛卯，原本、宋本、殿本作“辛亥”，據中華本校勘記改。

[3]金犯之：金，宋本作“全”。

[4]金火尤甚：火，殿本作“水”。

[5]流亡：原本、宋本無“亡”字，殿本有，據殿本補。

[6]建元二年：二年，原本、宋本、殿本作“元年”，按本書卷八《穆帝紀》，庾冰卒於建元二年（316）十一月。中華本作“二年”，據改。

康帝建元元年正月壬午，[1]太白入昴。占曰：“趙地有兵。”又曰：“天下兵起。”四月乙酉，太白晝見。是年，石季龍殺其子邃，又遣將寇没狄道，及屯薊東，謀慕容皝。[2]二年，[3]歲星犯天關。安西將軍庾翼與兄冰書曰：“歲星犯天關，占云‘關梁當分’。比來江東無他故，江道亦不艱難，而石季龍頻年再閉關，不通信使，此復天公憒憒、無皂白之徵也。”其閏月乙酉，太白犯斗。占曰：“爲喪，天下受爵禄。”九月，帝崩，太子立，大赦，賜爵。

[1]建元元年：元年，原本、宋本、殿本作“二年”，按以下文史實核本書卷七《康帝紀》，應爲“元年”。中華本作“元年”，據改。

[2]慕容皝：皝，原本、宋本、殿本作“晃”，據其本傳及中華本改。

[3]二年：原本、宋本、殿本作“三年”，按下文史實核本書卷七《康帝紀》，應爲“二年”。中華本作“二年”，據改。

穆帝永和元年正月丁丑，月入畢。占曰：“兵大起。”戊寅，月犯天關。占曰：“有亂臣更天子之法。”五月辛巳，太白晝見，在東井。占曰：“爲臣强，秦有兵。”六月辛丑，月入太微，犯屏西南星。占曰：“輔臣有免罷者。”七月、八月，月皆犯畢。占同上。己未，月犯輿鬼。占曰：“大臣有誅。”九月庚戌，月又犯畢。是年初，庾翼在襄陽。七月，翼疾將終，輒以子爰之爲荆州刺史，代己任。爰之尋被廢。明年，桓温又輒率衆伐蜀，執李勢，送至京都。蜀本秦地也。

二年二月壬子，月犯房上星。四月丙戌，月又犯房上星。八月壬申，太白犯左執法。[1]三年正月壬午，月犯南斗第五星。占曰：“將軍死，近臣去。”五月壬申，月犯南斗第四星，因入魁。占曰：“有兵。”一曰：“有大赦。”六月，月犯東井距星。占曰：“將軍死，國有憂。”戊戌，月犯五諸侯。占曰：“諸侯有誅。”九月庚寅，太白犯南斗第五星。占曰：“爲喪，爲兵。”四年七月丙申，太白犯左執法。甲寅，月犯房。丁巳，月入南斗，犯第二星。乙丑，太白犯左執法。占悉同上。十月甲辰，月犯亢。占曰：“兵起，將軍死。”十一月戊戌，月犯上將星。三年六月，大赦。是月，陳逵征壽春，敗而還。七月，氐蜀餘寇反，亂益土。[2]九月，石季龍伐凉州。五年，征北大將軍褚裒卒。

[1]太白犯左執法：左，宋本作“右”。

[2]氐蜀餘寇反，亂益土：蜀地氐族人的餘衆反抗，造成益州境内大亂。

四年四月，[1]太白入昴。是時，戎晋相侵，趙地連兵尤甚。七月，太白犯軒轅。占曰：“在趙，及爲兵喪。”甲寅，月犯房。十月甲戌，月犯亢。占曰：“兵起，將軍死。”八月，石季龍太子宣殺弟韜，宣亦死。其十一月戊戌，月犯上將星。五年正月，石季龍僭號稱皇帝，尋死。[2]

[1]四年四月：四年，原本、宋本作“五年”，殿本作“四年”，按下文石宣殺弟及石宣亦死事，當在永和四年。據殿本改。

[2]“四年七月丙申，太白犯左執法”至“石季龍僭號稱皇帝，尋死”：中華本校勘記：“周校：右數行舛亂重複，幾不可讀。此處‘七月丙申’‘甲寅’‘丁巳’‘乙丑’‘十月甲辰’‘十一月

戊戌’六條宜删併入‘四年四月’文内，並校正其次第。”

五年四月丁未，太白犯東井。占曰：“秦有兵。”九月戊戌，太白犯左角。占曰：“爲兵。”十月，月犯昴。占曰：“胡有憂，將軍死。”是年八月，褚裒北征兵敗。十月，關中二十餘壁舉兵内附。石遵攻没南陽。十一月，冉閔殺石遵，又盡殺胡十餘萬人，於是趙、魏大亂。十二月，褚裒薨。八年，劉顯、苻健、慕容儁並僭號。殷浩北伐，敗績，見廢。

六年二月辛酉，月犯心大星。占曰：“大人憂，又豫州分野也。”[1]丁丑，月犯房。占曰：“將相憂。”六月己丑，月犯昴。占同上。乙未，月犯五諸侯。占同上。七月壬寅，月始出西方，犯左角。占曰：“大將軍死。”一曰：“天下有兵。”丁未，月犯箕。占曰：“將軍死。”丙寅，熒惑犯鉞星。占曰：“大臣有誅。”八月辛卯，月犯左角。太白晝見，在南斗。月犯右執法。占並同上。是歲，司徒蔡謨免爲庶人。

[1]“月犯心大星”至“豫州分野也”：《開元占經》引石申曰：“心三星，帝座，大星者，天子也。”《漢書·天文志》曰：“月犯心星，占曰：其國有憂。”《史記·天官書》曰：“房、心，豫州。”故此處説：“大人憂，又豫州分野也。”大人即指帝王。

七年二月，太白犯昴。占同上。三月乙卯，熒惑入輿鬼，犯積尸。占曰：“貴人有憂。”五月乙未，熒惑犯軒轅大星。占曰：“女主憂。”太白入畢口，犯左股。占曰："將相當之。"六月乙亥，月犯箕。占曰："國有兵。"丙子，月犯斗。丁丑，熒惑入太微犯右執法。八月庚午，太白犯軒轅。戊子，太白犯右執法。占悉同上。七年，劉顯殺石祗及諸將帥，山東大亂，疾疫死亡。

八年三月戊戌，月犯軒轅大星。癸丑，月入南斗，犯第二星。五月，月犯心星。六月癸丑，月犯房。七月壬子，歲星犯東井距星。占曰："内亂，兵起。"八月戊戌，熒惑犯輿鬼。[1]占曰："忠臣戮死。"丙辰，太白入南斗，犯第四星。占曰："將爲亂。"一曰："丞相免。"九年二月乙巳，月入南斗，犯第三星。三月戊辰，月犯房。八月，歲星犯輿鬼東南星。占曰："兵起。"是時，帝幼冲，母后稱制，將相有隙，兵革連起，慕容儁僭號稱燕王，[2]攻伐不休。

[1]熒惑犯輿鬼：犯，殿本作"入"。
[2]慕容儁：儁，殿本作"雋"。本卷下文此人名同。

十年正月乙卯，月蝕昴星。占曰："趙魏有兵。"癸酉，填星奄鉞星。占曰："斧鉞用。"三月甲申，[1]月犯心大星。占曰："王者惡之。"七月庚午，太白晝見。晷度推之，灾在秦、鄭。九月辛酉，太白犯左執法。是時，桓温擅命，朝臣多見迫脅。四月，温伐苻健，破其嶢柳軍。十二月，慕容恪攻齊。

[1]甲申：宋本作"甲寅"。

十一年三月辛亥，月奄軒轅。占同上。四月庚寅，月犯牛宿南星。占曰：“國有憂。”八月己未，太白犯天江。占曰：“河津不通。”十二年六月庚子，太白晝見，在東井。占如上。己未，月犯鉞星。八月癸酉，月奄建星。九月戊寅，熒惑入太微，犯西蕃上將星。十一月丁丑，熒惑犯太微東蕃上將星。十二年十一月，齊城陷，執段龕，殺三千餘人。永和三年，鮮卑侵略河、冀。升平元年，慕容儁遂據臨漳，盡有幽、并、青、冀之地。緣河諸將奔散，河津隔絕。時權在方伯，九服交兵。

升平元年四月壬子，太白入輿鬼。丁亥，月奄井南轅西頭第二星。占曰：“秦地有兵。”一曰：“將死。”六月戊戌，太白晝見，在軫。占同上。軫是楚分野。壬子，月犯畢。占曰：“爲邊兵。”七月辛巳，熒惑犯天江。占曰：“河津不通。”十一月，歲星犯房。占曰：“豫州有災。”其年五月，苻堅殺苻生而立。十二月，慕容儁入屯鄴。二年八月，豫州刺史謝奕薨。[1]

[1]謝奕：奕，原本、宋本作“弈”，殿本作“奕”，據其本傳及殿本改。

二年二月辛卯，[1]填星犯軒轅大星。占曰：“人主惡之。”甲午，月犯東井。六月辛酉，月犯房。十月己未，太白犯哭星。占曰：“有大哭泣。”三年正月壬辰，熒惑犯楗閉星。按占曰：“人主憂。”三月乙酉，熒惑逆行犯鈎鈐。按占：“王者惡之。”六月，太白犯東井。七月乙酉，熒惑犯天江。丙戌，太白犯輿鬼。占悉同上。戊子，月犯牽牛中央大星。占曰：“牽牛，天將也。犯中央大星，將軍死。”八月丁未，太白犯軒轅大星。甲子，月犯畢大星。占曰：“爲邊兵。”一曰：“下犯上。”三年十月，諸葛攸舟軍入河，敗績。豫州刺史謝萬入潁，[2]衆潰而歸，萬除名。十一月，司徒會稽王以郗曇、謝萬二鎮敗，[3]求自貶三等。四年正月，慕容儁死，子暐代立。慕容恪殺其尚書令陽騖等。

[1]二年二月辛卯：二月，原本、宋本、殿本作“十二月”，據中華本校勘記改。

[2]謝萬入潁：潁，原本、宋本、殿本作“朝”，據中華本改。

[3]郗曇：郗，原本、宋本、殿本作“郄”，據其本傳及中華本改。本卷下文“郗”同。

四年正月乙亥，月犯牽牛中央大星，六月辛亥，辰星犯軒轅。占曰：“女主憂。”己未，太白入太微右掖門，從端門出。占曰：“貴奪勢。”一曰：“有兵。”又曰：“出端門，臣不臣。”八月戊申，太白犯氐。占曰：“國有憂。”丙辰，熒惑犯太微西蕃上將星。九月壬午，太白入南斗口，犯第四星。占曰：“爲喪，有赦，天下受爵禄。”十二月甲寅，熒惑犯房。丙寅，太白晝見。庚寅，月犯楗閉。占曰：“人君惡之。”五年正月乙巳，填星逆行，犯太微。五月壬寅，月犯太微。庚戌，月犯建星。占曰：“大臣相謀。”是時，殷浩敗績，卒致遷徙。其月辛亥，月犯牽牛宿。占曰：“國有憂。”[1]五年正月，北中郎將郗曇薨。五月，帝崩，哀帝立，大赦，賜爵，褚后失勢。七月，慕容恪攻冀州刺史吕護於野王，護奔滎陽。是時，桓温以大衆次宛，聞護敗，乃退。

[1]原本、宋本、殿本“國有憂”後有“六月癸亥，月犯氐東北星。占曰：大將當之”十六字。與下文“五年六月癸酉，月奄氐東北星。占曰：大將軍當之”重複。據中華本校勘記删。

五年六月癸酉，月奄氐東北星。占曰：“大將軍當之。”九月乙酉，月奄畢。占曰：“有邊兵。”十月丁未，月犯畢大星。占曰：“下犯上。”又曰：“有邊兵。”[1]八月，范汪廢。隆和元年，慕容暐遣將寇河陰。

[1]以上升平元年六月壬子月犯畢，三年八月甲子月犯畢大星，五年九月乙酉月奄畢，十月丁未月犯畢大星，其占語均曰“有邊兵”。據《開元占經》引《郗萌占》曰：“月犯畢，兵革起，一曰有女喪，一曰女主當之。”“月變於畢，邊境有事。”引《海中占》曰：“月犯畢，南陽國有憂，一曰賊臣誅，不然邊有兵。”引《佐助期》曰：“畢主邊兵。”引《春秋緯》曰：“畢罕車，爲邊兵。”引《西官候》曰：“畢大星，邊將軍也，星動，有芒角，邊將有急。”引《列宿圖》曰：“畢星動者，邊城有兵起。”以上確實可證星占理論均認爲月犯畢有邊兵。

哀帝興寧三年七月庚戌，月犯南斗。占曰：“女主憂。”歲星犯輿鬼。占曰：“人君憂。”十月，太白晝見，在亢。占曰：“亢爲朝廷，有兵喪，爲臣强。”明年五月，皇后庾氏崩。

海西太和二年正月，太白入昴。五年，慕容暐爲苻堅所滅，又據司、冀、幽、并四州。[1]六年閏月，熒惑守太微端門。[2]占曰：“天子亡國。”又曰：“諸侯三公謀其上。”一曰：“有斬臣。”辛卯，月犯心大星。占曰：“王者惡之。”十一月，桓温廢帝，并奏誅武陵王，簡文不許，温乃徙之新安，皆臣强之應也。

[1]司、冀、幽、并四州：原本、宋本無“司”字，殿本有，據殿本補。

[2]熒惑守太微端門：原本、宋本“守”下有“入”字，殿本無，據殿本删。

簡文咸安元年十二月辛卯，熒惑逆行入太微，二年三月猶不退。占曰：“國不安，有憂。”是時，帝有桓温之逼。二年五月丁未，太白犯天關。占曰：“兵起。”歲星形色如太白。占曰：“進退如度，奸邪息；變色亂行，主無福。歲星於仲夏當細小而不明，此其失常也。又爲臣强。”六月，太白晝見，在七星。乙酉，太白犯輿鬼。占曰：“國有憂。”七月，帝崩，桓温以兵威擅權，將誅王坦之等，内外迫脅。又，庾希入京城，盧悚入宫，並誅滅之。

孝武寧康元年正月戊申，月奄心大星。案占曰：“灾不在王者，則在豫州。”一曰：“主命惡之。”三月丙午，月奄南斗第五星。占曰：“大臣有憂，死亡。”一曰：“將軍死。”七月，桓温薨。九月癸巳，熒惑入太微。是時，女主臨朝，政事多缺。二年閏月己未，月奄牽牛南星。占曰：“左將軍死。”十二月甲申，太白晝見，在氐。氐，兖州分野。三年五月丙午，北中郎將王坦之薨。三年六月辛卯，太白犯東井。占曰：“秦地有兵。”九月戊申，熒惑奄左執法。占曰：“執法者死。”太元元年，苻堅破凉州。二年十月，尚書令王彪之卒。

太元元年四月丙戌，熒惑犯南斗第三星。丙申，又奄第四星。占曰：“兵大起，中國饑。”一曰：“有赦。”八月癸酉，太白晝見，在氐。氐，兖州分野。九月，熒惑犯哭、泣星，遂入羽林。占曰：“天子有哭泣事，中軍兵起。”十一月己未，月奄左角。[1]占曰：“天下有兵。”一曰：“國有憂。”二年二月，[2]熒惑守羽林。占曰：“禁兵大起。”九月壬午，太白晝見，在角。角，兖州分野。[3]升平元年五月，大赦。[4]三年八月，秦人寇樊、鄧、襄陽、彭城。四年二月，襄陽陷，朱序没。四月，魏興陷，賊聚廣陵、三河，衆五六萬。於是諸軍外次衝要，丹陽尹屯衛京都。六月，兖州刺史謝玄討賊，大破之。是時，中外連兵，比年荒儉。

[1]月奄左角：左，原本、宋本、殿本作“氐”，據中華本校勘記改。

[2]二年二月：原本、宋本作“三年正月”，殿本作“二年二月”，據殿本改。

[3]角，兖州分野：據《史記·天官書》：“角、亢、氐，兖州”，則角和氐均爲兖州分野。

[4]升平元年五月，大赦：此八字疑衍文。此處叙述孝武帝太元年間事，與穆帝升平年間相去甚遠。

四年十一月丁巳，太白犯哭星。占曰："天子有哭泣事。"五年七月丙子，辰星犯軒轅。占曰："女主當之。"[1]九月癸未，皇后王氏崩。

[1]"辰星犯軒轅"至"女主當之"：《史記·天官書》曰："軒轅，黄龍體，前大星，發主象。"故辰星犯軒轅，占曰："女主當之"。

六年九月丙子，太白晝見。七年十一月，太白又晝見，在斗。占曰："吴有兵喪。"八年四月甲子，太白又晝見，在參。占曰："魏有兵喪。"是月，桓冲征沔漢，楊亮伐蜀，并拔城略地。八月，苻堅自將，號百萬，九月，攻没壽陽。十月，劉牢之破苻堅將梁成，斬之，殺獲萬餘人。謝玄等又破苻堅於淝水，斬其弟融，堅大衆奔潰。九年六月，皇太后褚氏崩。八月，謝玄出屯彭城，經略中州矣。[1]

[1]經略中州矣：宋本無"矣"字。

九年七月丙戌，太白晝見。十一月丁巳，又晝見。十年四月乙亥，又晝見於畢、昴。占曰："魏國有兵喪。"是時苻堅大衆奔潰，趙、魏連兵相攻，堅爲姚萇所殺。

十一年三月戊申，太白晝見，在東井。占曰："秦有兵，臣强。"六月甲申，又晝見於輿鬼。占曰："秦有兵。"時魏、姚萇、苻登連兵，相征不息。甲午，歲星晝見，在胃。占曰：“魯有兵，臣强。”十二年，慕容垂寇東阿，翟遼寇河上，姚萇假號安定，苻登自立隴上，吕光竊據凉土。

十二年六月癸卯，[1]太白晝見，在柳。十月庚午，太白晝見，在斗。[2]十三年正月丙戌，又晝見。十二月，熒惑在角、亢，形色猛盛。占曰：“熒惑失其常，吏且棄其法，諸侯亂其政。”自是後，慕容垂、翟遼、姚萇、苻登、慕容永並阻兵争强。十四年正月，彭城妖賊又稱號於皇丘，劉牢之破滅之。三月，張道破合鄉，[3]圍泰山，向欽之擊走之。是年，翟遼又攻没滎陽，侵略陳項。於時政事多弊，君道陵遲矣。

[1]癸卯：殿本作“癸酉”。

[2]自太元元年起，自此，接連有元年八月癸酉，“太白晝見”，太元二年九月壬午“太白晝見”，六年九月丙子“太白晝見”，七年十一月“太白又晝見”，八年四月甲子“太白又晝見”，九年七月丙戌“太白晝見”，十一年三月戊申“太白晝見”，十二年六月癸卯“太白晝見”，十月庚午“太白晝見”。可見古人對太白晝見的觀測特别重視。《開元占經》引《荆州占》曰：“太白晝見，與日争光，是謂經天，大亂十年，人民流亡，去其鄉，女主昌，執政，近日，國必有喪。”引《漢書·天文志》曰：“太白晝見經天，爲兵喪，在大人。”引甘德曰：“太白晝見，天子有喪，天下更王，大亂，是謂經天，有亡國，百姓流亡。”這是國家大亂、人民流亡的大凶占語。説明當時天子弱，戰亂頻繁。關於戰亂發生的地點，占語據州郡躔次予以判斷，由於斗分野在江湖，故占語説在吴。由於參、畢、昴乃魏之分野，故曰“魏國有兵喪”。東井、輿鬼爲秦之分野，故曰“秦有兵，臣强”。

［3］張道破合鄉：中華本校勘記："《劉牢之傳》'張道'作'張遇'，'合鄉'作'金鄉'。下同。"

十四年四月己巳，太白晝見於柳。六月辛卯，又晝見於翼。九月丙寅，又晝見於軫。十二月，熒惑入羽林。占並同上。十五年，翟遼掠司、兖，衆軍累討不克，慕容垂又跨略并、冀等州。七月，旱。八月，諸郡大水，兖州又蝗。

十五年九月癸未，熒惑入太微。十月，太白入羽林。十六年四月癸卯朔，太白晝見。十一月癸巳，月奄心前星。占曰："太子憂。"[1]是時，太子常有篤疾。

［1］占曰：宋本無"曰"字。

十七年七月丁丑，太白晝見。十月丁酉，又晝見。十八年六月，又晝見。十九年五月，又晝見於柳。六月辛酉，又晝見於輿鬼。九月，又見於軫。二十年六月，熒惑入天囷。占曰："大饑。"七月丁亥，太白晝見在太微。占曰：太白入太微，國有憂。晝見爲兵喪。十二月己巳，月犯楗閉及東西咸。占曰："楗閉司心腹喉舌，東西咸主陰謀。"二十一年二月壬申，太白晝見。三月癸卯，太白連晝見，在羽林。占曰："有强臣，有兵喪，中軍兵起。"三月，太白晝見於胃。占曰："中軍兵起。"四月壬午，太白入天囷。占曰："爲饑。"六月，歲星犯哭、泣星。占曰："有哭泣事。"是年九月，帝崩。隆安元年，王恭等舉兵脅朝廷，於是内外戒嚴，殺王國寶以謝之。又連歲水旱，[1]三方動，衆人饑。

[1]又連歲水旱：又，殿本作“及”。

安帝隆安元年正月癸亥，熒惑犯哭、泣星。占曰：“有哭泣事。”四月丁丑，太白晝見，在東井。占曰：“秦有兵喪。”六月，姚興攻洛陽，郗恢遣兵救之。冬，姚萇死，子略代立。魏王圭即位於中山。其年八月，[1]熒惑守井、鉞。占曰：“大臣有誅。”二年六月戊辰，攝提移度失常。歲星晝見，在胃，兖州分野。是年六月，郗恢遣鄧啓方等以萬人伐慕容德於滑臺，[2]敗而還。閏月，太白晝見，在羽林。丁丑，[3]月犯東上相。三年五月辛酉，月又奄東上相。[4]辛未，辰星犯軒轅大星。占悉同上。二年九月，庾楷等舉兵，表誅王愉等，於是内外戒嚴。三年十月，洛陽没於寇。[5]桓玄破荆、雍州，殺殷仲堪等。孫恩聚衆攻没會稽，殺内史。

[1]其年八月：殿本無“年”字。

[2]慕容德：德，原本、宋本、殿本作“寶”，據中華本校勘記改。

[3]丁丑：殿本作“十一”。

[4]東上相：與下文“東次相”均爲星官名。

[5]三年十月，洛陽没於寇：十月，原本、宋本、殿本作“六月”，據中華本校勘記改。

四年六月辛酉，月犯哭、泣星。五年正月，太白晝見。自去年十二月在斗晝見，至於是月乙卯。案占："灾在吴、越。"七月癸亥，大角星散摇五色。占曰："王者流散。"丁卯，月犯天關。占曰："王者憂。"九月庚子，熒惑犯少微，又守之。占曰："處士誅。"十月甲子，月犯東次相。其年七月，太皇太后李氏崩。十月，妖賊大破高雅之於餘姚，死者十七八。五年，孫恩攻侵郡縣，殺内史，至京口，進軍蒲洲，於是内外戒嚴。恩遣别將攻廣陵，殺三千餘人，退據郁洲，[1]是時劉裕又追破之。九月，桓玄表至，逆旨陵上。十月，司馬元顯大治水軍，將以伐玄。元興元年正月，盧循自稱征虜將軍，領孫恩餘衆，略有永嘉、晋安之地。二月，帝戎服遣西軍。三月，桓玄克京都，殺司馬元顯，放太傅會稽王道子。

[1]郁洲：又名田横島，在今江蘇省連雲港市東雲臺山一帶。洲，原本、宋本作"州"，殿本作"洲"，據殿本改。

元興元年三月戊子，太白犯五諸侯，因晝見。占曰："諸侯有誅。"七月戊寅，熒惑在東井。熒惑犯輿鬼、積尸。占並同上。八月丙寅，太白奄右執法。九月癸未，太白犯進賢。占曰："進賢者誅。"二年二月，[1]歲星犯西上將。六月甲辰，月奄斗第四星。占曰："大臣誅，不出三年。"八月癸丑，太白犯房北第二星。九月己丑，歲星犯進賢，熒惑犯西上將。十月甲戌，太白犯泣星。十一月丁酉，熒惑犯東上相。十二月乙巳，月奄軒轅第二星。占悉同上。冬，[2]魏破姚興軍。二年十二月，桓玄篡位，放遷帝、后於尋陽，以永安何皇后爲零陵君。三年二月，劉裕盡誅桓氏。

[1]二年二月：二年，殿本作“三年”。

[2]冬：原本、宋本、殿本作“升平元年冬”，據中華本校勘記删“升平元年”四字。

三年正月戊戌，熒惑逆行，犯太微西上相。占曰：“天子戰於野，上相死。”二月丙辰，熒惑逆行，在左執法西北。[1]占曰：“執法者誅。”四月甲午，月奄軒轅第二星。五月壬申，月奄斗第二星，[2]填星入羽林。占並同上。是年二月丙辰，劉裕殺桓脩等。三月己未，破走桓玄，遣軍西討。辛巳，[3]誅左僕射王愉，桓玄劫天子如江陵。五月，玄下至峥嶸洲，義軍破滅之。桓振又攻没江陵，幽劫天子。七月，永安何皇后崩。

[1]在左執法西北：宋本無“西北”二字。

[2]五月壬申，月奄斗第二星：宋本此句重出。

[3]辛巳：殿本作“辛未”。

義熙元年三月壬辰，月奄左執法。占同上。丁酉，月奄心前星。占曰：“豫州有灾。”太白犯東井。占曰：“秦有兵。”七月庚辰，太白晝見，在翼、軫。占曰：“爲臣强，荆州有兵喪。”八月丁巳，月犯斗第一星。[1]占曰：“天下有兵。”一曰：“大臣憂。”九月戊子，[2]熒惑犯少微。占曰：“處士誅。”庚寅，熒惑犯右執法。熒卯，熒惑犯左執法。占並同上。十一月丙戌，太白犯鈎鈐。占曰："喉舌憂。"十二月己卯，歲星犯天江。[3]占曰："有兵亂，河津不通。"十一月，荊州刺史魏咏之薨。二年二月，司馬國璠等攻没弋陽。四月，姚興伐仇池公楊盛，擊走之。九月，益州刺史司馬榮期爲其參軍楊承祖所害。三年十二月，司徒、揚州刺史王謐薨。四年正月，太保、武陵王遵薨。三月，左僕射孔安國卒。自後政在劉裕，人主端拱而已。[4]

[1]月犯斗第一星：原本、宋本、殿本無"月"字，據中華本補。

[2]九月戊子：戊子，原本、宋本、殿本作"甲子"，據中華本校勘記改。

[3]天江：原本、宋本、殿本作"天關"，按其下占語："有兵亂，河津不通"，應爲"天江"。中華本作"天江"，據改。

[4]端拱：即皇帝端手拱坐，無所作爲。

二年二月，太白犯南斗。[1]占曰："兵起。"己丑，月犯心後星。占曰："豫州有灾。"四月癸丑，月犯太微西上將。己未，月犯房南第二星。乙丑，歲星犯天江。占曰："有兵亂，河津不通。"五月癸未，月犯左角。占曰："左將軍死，天下有兵。"壬寅，熒惑犯氐。占曰："氐爲宿宫，人主憂。"六月庚午，熒惑犯房北第二星。八月癸亥，熒惑犯南斗第五星。丁巳，犯建星。占曰："爲兵。"九月壬午，熒惑犯哭星，[2]又犯泣星。是年二月甲戌，司馬國璠等攻没弋陽。又，慕容超侵略徐、兖，三年正月，又寇北徐州，至下邳。十二月，司徒王謐薨。四年正月，武陵王遵薨。五年，慕容超復寇淮北。四月，劉裕大軍討之，拔臨朐。又圍廣固，[3]拔之。

[1]南斗：原本、宋本作“南河”，殿本作“南斗”，據殿本改。

[2]犯哭星：原本、宋本無“犯”字，殿本有，據殿本補。

[3]又圍廣固：又，原本、宋本作“入”，殿本作“又”，據殿本改。

三年正月丙子，太白晝見，在奎。二月庚申，月奄心後星。占同上。五月癸未，月犯左角。己丑，太白晝見，在參。占曰：“益州有兵喪，[1]臣强。”八月己卯，太白犯左執法。辛卯，熒惑犯左執法。九月壬子，熒惑犯進賢星。是年八月，劉敬宣伐蜀，不克而旋。四年三月，左僕射孔安國卒。七月，司馬叔璠等攻没鄒山，魯郡太守徐邕破走之。姚略遣衆征赫連勃勃，大爲所破。五年，劉裕討慕容超，滅之。

[1]益州：州，原本作“荆”，宋本、殿本作“州”，據宋本、殿本改。

四年正月庚子，熒惑犯天關。[1]五月丁未，月奄斗第二星。壬子，填星犯天廩。占曰：“天下饑，倉粟少。”六月己丑，太白犯太微西上將。己卯，[2]又犯左執法。十月戊子，熒惑入羽林。占悉同上。五年，劉裕討慕容超，後南北軍旅運轉不息。

［1］犯天關：原本作“犯天天關”，衍“天”字，宋本、殿本作“犯天關”，據宋本、殿本删。

［2］己卯：原本、宋本、殿本作“乙卯”，據中華本校勘記改。

五年二月甲子，月犯昴。占曰：“胡不安，天子破匈奴。”五月戊戌，歲星入羽林。九月壬寅，月犯昴。十月，熒惑犯氐。閏月丁酉，月犯昴。辛亥，熒惑犯鉤鈐。己巳，月奄心大星。占曰：“王者惡之。”是年四月，劉裕討慕容超。十月，魏王圭遇弑殂。六年五月，盧循逼郊甸，宫衛被甲。

六年三月丁卯，月奄房南第二星。灾在次相。[1]己巳，又奄斗第五星。占曰：“斗主吴，吴地兵起。”太白犯五諸侯。占曰：“諸侯有誅。”五月甲子，月奄斗第五星。[2]己亥，月奄昴第三星。占曰：“國有憂。”一曰：“有白衣之會。”六月己丑，月犯房南第二星。甲午，太白晝見。七月己亥，月犯輿鬼。占曰：“國有憂。”一曰：“秦有兵。”八月壬午，太白犯軒轅大星。甲申，月犯心前星。灾在豫州。[3]丙戌，月犯斗第五星。占同上。丁亥，月奄牛宿南星。占曰：“天下有大誅。”乙未，太白犯少微。丙午，太白在少微而晝見。九月甲寅，太白犯左執法。丁丑，填星犯畢。占曰：“有邊兵。”是年三月，始興太守徐道覆反。四月，盧循寇湘中，没巴陵，率衆逼京畿。是月，左僕射孟昶懼王威不振，仰藥自殺。七年十二月，劉蕃梟徐道覆首，杜慧度斬盧循，並傳首京都。八年六月，劉道規卒，時爲豫州刺史。八月，皇后王氏崩。九月，兖州刺史劉蕃、尚書左僕射謝混伏誅。劉裕西討劉毅，斬首徇之。十二月，遣益州刺史朱齡石伐蜀。

[1]灾在次相：中華本校勘記："《宋志》三'灾'上有'占曰'二字。《商榷》《拾補》皆謂此脱'占曰'。"

[2]月奄斗第五星：宋本無"斗"字。

[3]灾在豫州：中華本校勘記："'灾'上疑脱'占曰'二字。"

七年四月辛丑，熒惑入輿鬼。占曰："秦有兵。"一曰："雍州有灾。"六月，太白晝見，在翼。己亥，填星犯天關。占曰："臣謀主。"八月，太白犯房南第二星。十一月丙午，[1]太白犯哭星。其七月，朱齡石克蜀，蜀又反，討滅之。

[1]十一月丙午：午，原本、宋本、殿本作"子"，據中華本校勘記改。

八年七月癸亥，月奄房北第二星。己未，月犯井、鉞。八月戊申，月犯泣星。十月辛亥，月奄天關。占曰："有兵。"十一月丁丑，填星犯東井。占曰："大人憂。"十二月癸卯，填星犯井、鉞。是年八月，皇后王氏崩。九月，[1]誅劉蕃、謝混，討滅劉毅。十二月，朱齡石滅蜀。

［1］九月：原本、宋本、殿本作“九年”，據中華本校勘記改。

九年二月，熒惑犯輿鬼。[1]占曰：“有兵喪。”太白犯南河。占曰：“兵起。”五月壬辰，太白犯右執法，晝見。七月庚午，月奄鈎鈐。占曰：“喉舌臣憂。”九月庚午，歲星犯軒轅大星。己丑，月犯左角。時劉裕擅命，兵革不休。十月，[2]裕討司馬休之，王師不利，休之等奔長安。

［1］熒惑犯輿鬼：犯，殿本作“入”。

［2］十月：原本、宋本、殿本作“十年”，據中華本校勘記改。另該校記已説明作“月”或“年”皆不合，劉裕討休之在十一年三月。

十年正月丁卯，月犯畢。占曰：“將相有以家坐罪者。”二月己酉，月犯房北星。五月壬寅，月犯牽牛南星。乙丑，歲星犯軒轅大星。占悉同上。六月丙申，月奄氐。占曰：“將死之，國有誅者。”七月庚辰，月犯天關。占曰：“兵起。”熒惑犯井、鉞。填星犯輿鬼，遂守之。占曰：“大人憂，宗廟改。”八月丁酉，月奄牽牛南星。占同上。九月，填星犯輿鬼。占曰：“人主憂。”丁巳，太白入羽林。十二月己酉，月犯西咸。占曰：“有陰謀。”十一年，林邑寇交州，距敗之。

十一年三月丁己，月入畢。占曰：“天下兵起。”一曰：“有邊兵。”己卯，熒惑入輿鬼。閏月丙午，填星又入輿鬼。占曰：“爲旱，大疫，爲亂臣。”五月癸卯，熒惑入太微。甲辰，犯右執法。六月己未，太白犯東井。占曰：“秦有兵。”戊寅，犯輿鬼。占曰：“國有憂。”七月辛丑，月犯畢。占同上。八月壬子，月犯氐。占同上。庚申，太白順行，從右掖門入太微。丁卯，奄左執法。十一月癸亥，月入畢。占同上，乙未，月入輿鬼而暈。

十二年五月甲申，歲星留房、心之間，宋之分野。始封劉裕爲宋公。六月壬子，太白順行入太微右掖門。己巳，月犯畢。占同上。七月，月犯牛宿。十月丙戌，月入畢。

十三年五月丙子，月犯軒轅。丁亥，犯牽牛。癸巳，熒惑犯右執法。八月己酉，月犯牽牛。丁卯，月犯太微。占曰：“人君憂。”九月壬辰，熒惑犯軒轅。十月戊申，月犯畢。占悉同上。月犯箕。占曰：“國有憂。”甲寅，月犯畢。占同上。乙卯，填星犯太微，留積七十餘日。占曰：“亡君之戒。”壬戌，月犯太微。

十四年三月癸丑，[1]太白犯五諸侯。五月庚子，月犯太微。七月甲辰，熒惑犯輿鬼。占曰：“秦有兵，又爲旱，爲兵喪。”亦曰：“大人憂，宗廟改，亦爲亂臣。”時劉裕擅命，軍旅數興，饑旱相屬，其後卒移晋室。丁巳，月犯東井。占曰：“軍將死。”八月甲子，太白犯軒轅。癸酉，填星入太微，犯右執法，因留太微中，[2]積二百餘日乃去。占曰：“填星守太微，亡君之戒，有徙王。”九月乙未，太白入太微，犯左執法。丁巳，月入太微。[3]占曰：“大人憂。”十月甲申，月入太微。癸巳，熒惑入太微，犯西蕃上將，仍順行，[4]至左掖門内，留二十日，乃逆行。義熙十二年七月，劉裕伐姚泓。十三年八月，擒姚泓，[5]司、兗、秦、雍悉平。十四年，劉裕還彭城，受宋公。十一月，左僕射、前將軍劉穆之卒。明年，西虜寇長安，雍州刺史朱齡石諸軍陷没，[6]官軍捨而東。十二月，帝崩。

[1]三月癸丑：癸丑，原本、宋本、殿本作“癸巳”，據中華本校勘記改。

[2]因留太微中：宋本無“中”字。

[3]月入太微：原本、宋本、殿本無“月”字，據中華本補。

[4]仍順行：原本、宋本無“行”字，殿本有，據殿本補。

[5]擒姚泓：宋本於“泓”下有小字夾文“自是”二字。

[6]陷没：陷，原本作“啗”，宋本、殿本作“陷”，據宋本、殿本改。

恭帝元熙元年正月丙午，三月壬寅，五月丙申，月皆犯太微，占悉同上。乙卯，辰星犯軒轅。六月庚辰，太白犯太微。七月己卯，月犯太微，太白晝見。自義熙元年至是，太白經天者九，日蝕者四，[1]皆從上始，革更王臣，[2]灾君之象也。[3]是夜，太白犯哭星。十二月丁巳，月入太白，俱入羽林。二年二月庚午，[4]填星犯太微。[5]占悉同上。元年七月，劉裕受宋王。二年六月，[6]帝遜位於宋。

[1]日蝕者四：日蝕，原本、宋本、殿本作“月蝕”，據中華

本改。

[2]革更王臣：殿本“革”下有“代”字。

[3]灾君之象：灾，殿本作“失”。

[4]二月庚午：二月，原本、宋本、殿本作“三月”，據中華本校勘記改。

[5]以上諸占，都有某星犯太微，占曰“大人憂”，“人君憂”。《開元占經》引《黄帝占》曰：“太微，天子之宫。”《春秋元命包》曰：“太微，權政所在。”所有這些，都應驗在天子和權政受到侵犯上。還有一些天象爲某星犯黄龍或軒轅。《開元占經》引郗萌曰：“軒轅，女主之廷也，一名天柱。”引《淮南鴻烈》曰：“軒轅，帝妃之舍也。”引石申曰：“軒轅、屏星去，無君臣之義。”同樣軒轅爲天子的後宫，後宫受到威協，當然也就没有天子了。故二者都有革代更王之義。最後導致劉裕滅晋，建立劉宋政權。

[6]二年：原本、宋本、殿本作“是年”，據中華本校勘記改。

妖星客星[1]

魏文帝黄初三年九月甲辰，客星見太微左掖門内。占曰：“客星出太微，國有兵喪。”十月，帝南征孫權。是後，累有征役。六年十月乙未，有星孛於少微，歷軒轅。占：“爲兵喪，除舊布新之象。”[2]時帝軍廣陵，辛丑，親御甲冑觀兵。明年五月，帝崩。

[1]妖星客星：此二種星名，主要是指彗星，但也有新星、變星、星雲等。此二星均爲异常天象，所以古人感到奇怪，稱爲妖星。既稱之爲妖，一般對社會都是有危害的。客星，就字面含義，爲作客之星，是偶然出現的。彗星的位置是移動的，這是其主要特徵。其次彗星一般都有彗頭如髮，大多數彗星有尾巴。新星和超新星，都是突然出現，數十天後慢慢暗淡而滅，位置不變。就本篇所

載妖星、客星來看，絶大多數都是彗星，衹有少數是新星和變星。

［2］爲兵喪，除舊布新之象：彗星出現，星占家傳統的觀念是兵喪和除舊布新之象。兵喪，即戰亂和死喪。除舊布新，有革政更代之義。

明帝太和六年十一月丙寅，有星孛於翼，近太微上將星。占曰："爲兵喪。"甘氏曰："孛彗所當之國，[1]是受其殃。翼又楚分野，孫權封略也。"明年，權有遼東之敗。又明年，諸葛亮入秦川。孫權發兵，緣江淮屯要衝，權自圍新城以應亮，天子東征權。

［1］孛慧：彗星，在古人的分類中，主要有彗星和孛星。慧星又稱長星、掃帚星，有尾巴。孛星，有彗髮，一般無尾，即使有尾也較短。它與一般星之區别是中間有星，周圍有發。客星、妖星中雖然無發，但其位置衹要移動，也該是彗星。

青龍四年十月甲申，有星孛於大辰，長三尺。乙酉，又孛於東方。十一月己亥，彗星見，犯宦者天紀星。占曰："大辰爲天王，天下有喪。"劉向《五紀論》曰："《春秋》，星孛於東方，不言宿者，不加宿也。宦者在天市，爲中外有兵。天紀爲地震，孛彗主兵喪。"景初元年六月，地震。九月，吴將朱然圍江夏。皇后毛氏崩。二年正月，討公孫文懿。三年正月，明帝崩。

景初二年八月，彗星見張，[1]長三尺，逆西行，四十一日滅。占同上。張，周分野。十月癸巳，客星見危，逆行，在離宫北、騰蛇南。甲辰，犯宗星。己酉，滅。占曰："客星所出有兵喪。虚危爲宗廟，又爲墳墓。客星近離宫，則宫中將有大喪，[2]就先君於宗廟之象也。"三年正月，帝崩。

[1]彗星見張：宋本無"星"字。
[2]宫中將有大喪：宋本無"中"字。

少帝正始元年十月乙酉，彗星見西方，在尾，長二丈，拂牽牛，犯太白。十一月甲子，進犯羽林。占曰："尾爲燕，又爲吴，牛亦吴、越之分。太白爲上相，[1]羽林中軍兵。爲吴、越有喪，中軍兵動。"二年五月，吴遣三將寇邊。吴太子登卒。六月，宣帝討諸葛恪於皖。太尉滿寵薨。六年八月戊午，彗星見七星，長二尺，色白，進至張，積二十三日滅。七年十一月癸亥，又見軫，長一尺，積百五十六日滅。九年三月，又見昴，長六尺，色青白，芒西南指。七月，又見翼，長二尺，進至軫，積四十二日滅。案占曰："七星張爲周分野，翼軫爲楚，昴爲趙魏。彗所以除舊布新，主兵喪也。"嘉平元年，宣帝誅曹爽兄弟及其黨與，皆夷三族，京師嚴兵。三年，誅楚王彪，又襲王淩於淮南。淮南，東楚也。魏諸王幽於鄴。

[1]太白爲上相：相，殿本作"將"。

嘉平三年十一月癸亥，有星孛於營室，西行，積九十日滅。占曰："有兵喪。室爲後宫，後宫且有亂。"四年二月丁酉，彗星見西方，在胃，長五六丈，色白，芒南指，貫參，積二十日滅。五年十一月，彗星又見軫，長五丈，在太微左執法西，東南指，積百九十日滅。案占："胃，兖州之分野。參，主兵。太微，天子庭。執法，爲執政。孛彗爲兵喪，除舊布新之象。"正元元年二月，李豐、豐弟翼、后父張緝等謀亂，皆誅，皇后亦廢。九月，帝廢爲齊王。

高貴鄉公正元元年十一月，白氣出南斗側，廣數丈，長竟天。王肅曰："蚩尤之旗也，東南其有亂乎"二年正月，有彗星見於吴、楚分，西北竟天。鎮東大將軍毌丘儉等據淮南叛，景帝討平之。案占："蚩尤旗見，王者征伐四方。"自後又征淮南，西平巴蜀。是歲，吴主孫亮五鳳元年。[1]斗、牛，吴、越分。案占："吴有兵喪，除舊布新之象也。"太平三年，孫綝盛兵圍宫，廢亮爲會稽王，故《國志》又書於吴也。淮南江東同揚州地，故於時變見吴、楚。楚之分則魏之淮南，多與吴同灾。是以毌丘儉以孛爲己應，遂起兵而敗。後三年，即魏甘露二年，諸葛誕又反淮南，吴遣將救之。及城陷，誕衆與吴兵死没各數萬人，猶前長星之應也。

[1]五鳳元年：殿本"年"下有"也"字。

甘露二年十一月，彗星見角，色白。占曰："彗星見兩角間色白者，軍起不戰，邦有大喪。"景元元年，高貴鄉公爲成濟所害。四年十月丁丑，客星見太微中，轉東南行，歷軫宿，積七日滅。占曰：“客星出太微，有兵喪。”景元元年，高貴鄉公被害。

元帝景元三年十一月壬寅，彗星見亢，色白，長五寸，[1]轉北行，積四十五日滅。占曰：“爲兵喪。”一曰：“彗星見亢，天子失德。”四年，鍾會、鄧艾伐蜀，克之。二將反亂，皆誅。

[1]長五寸：中華本校勘記：“《斠注》‘五寸’《宋志》作‘五丈’。”

咸熙二年五月，彗星見王良，[1]長丈餘，色白，東南指，積十二日滅。占曰：“王良，天子御駟。彗星掃之，禪代之表，除舊布新之象也。白色爲喪。[2]王良在東壁宿，又并州之分野。”[3]八月，文帝崩。十二月，武帝受魏禪。

[1]王良：《開元占經》引《元命色》曰：“天騎四星，在漢中。一名天駟，傍一名王良，主天馬。”《河圖》曰：“王良爲天橋”。郗萌曰：“王良，天子道，橋之度水之官。”《河圖》又曰：“王良策馬，此皆兵候。”

[2]白色爲喪：白色，殿本乙作“色白”。

[3]并州之分野：州郡躔次之分野，是對二十八宿而言的，其他星宿，各按其入宿度，分屬有關二十八宿之内，並以次爲占。

武帝泰始四年正月丙戌，彗星見軫，青白色，西北行，又轉東行。占曰：“爲兵喪，軫又楚分野。”三月，皇太后王氏崩。十月，吴寇江夏、襄陽。五年九月，星孛於紫宫。占如上。紫宫，天子内宫。十年，武元楊皇后崩。十年十二月，有星孛於軫。占曰：“天下兵起，軫又楚分野。”

咸寧二年六月甲戌，[1]星孛於氐。占曰：“天子失德易政。氐，又兖州分。”七月，星孛大角。大角爲帝坐。八月，星孛太微，至翼、北斗、三臺。占曰：“太微，天子庭，大人惡之。”一曰：“有改王。翼，又楚分野。北斗主殺罰，三臺爲三公。”三年正月，星孛於西方。三月，星孛於胃。胃，徐州分。四月，星孛女御。女御爲後宫。五月，又孛於東方。七月，星孛紫宫。占曰：“天下易主。”[2]四年四月，蚩尤旗見于東井。後二年，[3]傾三方伐吴，是其應也。五年三月，星孛於柳。四月，又孛於女御。七月，孛於紫宫。占曰：“外臣陵主。[4]柳，又三河分野。大角、太微、紫宫、女御並爲王者。”明年吴亡，是其應也。孛主兵喪。征吴之役，三河、徐、兖之兵悉出，交戰於吴、楚之地，吴丞、相都督以下梟戮十數，偏裨行陣之徒馘斬萬計，皆其徵也。

[1]咸寧：殿本作“咸熙”。
[2]天下易主：主，原本、宋本、殿本作“王”，據中華本改。
[3]後二年：原本、宋本、殿本無“二”字，據中華本補。
[4]外臣陵主：陵，同“凌”，欺凌皇上也。

太康二年八月，有星孛於張。占曰：“爲兵喪。”十一月，星孛於軒轅。占曰：“後宮當之。”四年三月戊申，星孛於西南。是年，齊王攸、任城王陵、琅邪王伷、新都王該薨。[1]八年九月，星孛於南斗，長數十丈，十餘日滅。占曰：“斗主爵禄，國有大憂。”一曰：“孛於斗，王者疾病，天下易政，大亂兵起。”

[1]新都王該：該，原本、宋本、殿本作“詠”，據中華本改。

太熙元年四月，客星在紫宮。占曰：“爲兵喪。”太康末，武帝耽宴游，多疾病。是月己酉，帝崩。永平元年，賈后誅楊駿及其黨與，[1]皆夷三族，楊太后亦見弑。又誅汝南王亮、太保衛瓘、楚王瑋，王室兵喪之應也。

[1]黨與：與，疑爲“羽”字之誤。

惠帝元康五年四月，有星孛於奎，至軒轅、太微，經三臺、太陵。占曰：“奎爲魯，又爲庫兵，軒轅爲後宮，太微天子庭，三臺爲三司，太陵有積尸死喪之事。”其後武庫火，西羌反。後五年，司空張華遇禍，賈后廢死，魯公賈謐誅。又明年，趙王倫篡位。於是三王興兵討倫，兵士戰死十餘萬人。

永康元年三月，妖星見南方。占曰：“妖星出，天下大兵將起。”是月賈后殺太子，趙王倫尋廢殺后，斬司空張華，又廢帝自立。[1]於是三王並起，迭總天權。[2]其十二月，彗星出牽牛之西，指天市。占曰：“牛者七政始，彗出之，改元易號之象也。天市一名天府，一名天子旗，帝坐在其中。”明年，趙王倫篡位，改元，尋爲大兵所滅。二年四月，彗星見齊分。占曰：“齊有兵喪。”是時，齊王冏起兵討趙王倫。倫滅，冏擁兵不朝，專權淫奢。明年，誅死。[3]

[1]廢帝自立：立，宋本作“帝”。

[2]迭總天權：天，殿本作“大”。

[3]誅死：殿本無“死”字。

太安元年四月，彗星晝見。二年三月，彗星見東方，指三臺。占曰：“兵喪之象。三臺爲三公。”三年正月，東海王越執太尉、長沙王乂，張方又殺之。

永興元年五月，客星守畢。占曰：“天子絶嗣。”一曰：“大臣有誅。”時諸王擁兵，其後惠帝失統，終無繼嗣。二年八月，有星孛於昴、畢。占曰：“爲兵喪。昴、畢又趙、魏分野。”十月丁丑，有星孛於北斗。占曰：“琁璣更授，天子出走。”又曰：“强國發兵，諸侯争權。”是後，諸王交兵，皆有應。明年，惠帝崩。

成帝咸和四年七月，有星孛於西北，犯斗，二十三日滅。占曰：“爲兵亂。”十二月，郭默殺江州刺史劉胤，荆州刺史陶侃討默，斬之。時石勒又始僭號。

咸康二年正月辛巳，彗星夕見西方，在奎。占曰：“爲兵喪。奎，又爲邊兵。”三年正月，石季龍僭天王位。四年，石季龍伐慕容皝，不克。既退，皝追擊之，又破麻秋。時皝稱蕃，邊兵之應也。六年二月庚辰，有星孛於太微。七年三月，杜皇后崩。

康帝建元元年十一月六日，彗星見亢，長七尺，白色。占曰："亢爲朝廷，主兵喪。"二年，康帝崩。

穆帝永和五年十一月乙卯，彗星見於亢。芒西向，色白，長一丈。六年正月丁丑，彗星又見於亢。占曰："爲兵喪、疾疫。"其五年八月，褚裒北征，兵敗。十一月，冉閔殺石遵，又盡殺胡十餘萬人，於是中土大亂。十二月，褚裒薨。是年，大疫。

升平二年五月丁亥，彗星出天船，在胃。占曰："爲兵喪，除舊布新。出天船，外夷侵。"一曰："爲大水。"四年五月，天下大水。五年，穆帝崩。

哀帝興寧元年八月，有星孛於角亢，入天市。案占曰："爲兵喪。"三年正月，皇后王氏崩。二月，[1]帝崩。三月，慕容恪攻没洛陽，沈勁等戰死。

[1]二月：殿本作"二年"。

海西太和四年二月，客星見紫宫西垣，至七月乃滅。占曰："客星守紫宫，臣弑主。"六年，桓温廢帝爲海西公。

孝武寧康二年二月丁巳，[1]有星孛於女虚，經氐、亢、角、軫、翼、張。至三月丙戌，彗星見於氐。九月丁丑，有星孛於天市。占曰："爲兵喪。"太元元年七月，苻堅破凉州，虜張天錫。

[1]二月丁巳：二月，原本、宋本、殿本作"正月"，據中華本校勘記改。

太元十一年三月，客星在南斗，至六月乃没。占曰："有兵，有赦。"是後司、雍、兖、冀常有兵役。十二年正月大赦，八月又大赦。十五年七月壬申，有星孛於北河戍，[1]經太微、三臺、文昌，入北斗，色白，長十餘丈。八月戊戌，入紫微乃滅。[2]占曰："北河戍，一名胡門，胡有兵喪。[3]掃太微，入紫微，王者當之。[4]三臺爲三公，文昌爲將相，將相三公有災。[5]入北斗，諸侯戮。"一曰："掃北斗，强國發兵，諸侯争權，大人憂。"二十一年，帝崩。隆安元年，王恭、殷仲堪、桓玄等並發兵，表以誅王國寶爲名。朝廷順而殺之，並斬其從弟緒，司馬道子由是失勢，禍亂成矣。十八年二月，客星在尾中，至九月乃滅。占曰："燕有兵喪。"二十年，慕容垂息寶伐魏，[6]爲所破，死者數萬人。二十一年，垂死，國遂衰亡。二十年九月，有蓬星如粉絮，東南行，歷女虚，至哭星。占曰："蓬星見，不出三年，必有亂臣戮死於市。"是時，王國寶交構朝廷。二十一年九月，帝崩。隆安元年，王恭等興兵，而朝廷殺王國寶、王緒。

[1]北河戍：戍，營壘城堡。北河戍，爲北河星的城門。《開元占經》引《黄帝占》曰："南北河戍，一名天高，一名天亭，兩河戍間爲天道。""北河戍名曰北横、陰門、北宫、北高、北闕，胡門。"戍，原本、宋本、殿本作"戍"，據中華本改。本卷下文"北河戍"同。

[2]入紫微乃滅：微，殿本作"宫"。

[3]胡有兵喪：原本、宋本、殿本"胡"下有"門"字，據中

華本删。

[4]王者當之：王，宋本作“三”。

[5]將相三公有灾：原本、宋本無“將相”二字，殿本有，據殿本補。

[6]息：兒子。

安帝隆安四年二月己丑，有星孛奎，長三丈，上至閣道、紫宫西蕃，入北斗魁，至三臺，三月，遂經於太微帝坐端門。占曰：“彗星掃天子庭閣道，[1]易主之象。”經三臺入北斗。占同上條。十二月戊寅，有星孛於貫索、天市、天津。占曰：“貴臣獄死，内外有兵喪。天津爲賊斷，主道天下不通。”案占：“灾在吴、越。”五年二月，有孫恩兵亂，攻侵郡國。於是内外戒嚴，營陣屯守，棚斷淮口。九月，桓玄表至，逆旨陵上。其後玄遂篡位，亂京都，大饑，人相食，百姓流亡，皆其應也。

[1]天子：子，原本、宋本作“下”，殿本作“子”，據殿本改。

元興元年十月，有客星色白如粉絮，在太微西，至十二月入太微。占曰：“兵入天子庭。”二年十二月，桓玄篡位，放遷帝、后於尋陽，以永安何皇后爲零陵君。[1]三年二月，劉裕盡誅桓氏。

[1]零陵君：零，原本、宋本作“遷”，殿本作“零”，據殿本

本改。

義熙十一年五月甲申，彗星二出天市，掃帝坐，在房、心北。房、心，宋之分野。案占：“得彗柄者興，除舊布新，宋興之象。”[1]十四年五月庚子，有星孛於北斗魁中。七月癸亥，彗星出太微西，柄起上相星下，芒漸長至十餘丈，進掃北斗、紫微、中臺。占曰：“彗出太微，社稷亡，天下易王；入北斗、紫微，帝宫空。”十四年，劉裕還彭城，受宋公。十二月，安帝崩。

[1]宋興之象：宋，原本作“家”，宋本、殿本作“宋”，據宋本、殿本改。

恭帝元年正月戊戌，有星孛於太微西蕃。占曰：“革命之徵。”其年，宋有天下。

星流隕[1]

蜀後主建興十三年，諸葛亮帥大衆伐魏，[2]屯於渭南。有長星赤而芒角，自東北西南流，投亮營，三投再還，往大還小。占曰：“兩軍相當，有大流星來走軍上及墜軍中者，皆破敗之徵也。”九月，亮卒於軍，焚營而退，群帥交怨，多相誅殘。

[1]星流隕：指流星和隕星。

[2]諸葛亮：宋本無“亮”字。

魏明帝景初二年，宣帝圍公孫文懿於襄平。八月丙寅夜，有大流星長數十丈，[1]白色月芒鬣，從首山東北流，墜襄平城東南。占曰："圍城而有流星來走城上及墜城中者破。"又曰："星墜，當其下有戰場。"又曰："凡星所墜，國易姓。"九月，文懿突圍走，至星墜所被斬，屠城，坑其衆。

[1]大流星：原本、宋本無"流"字，殿本有，據殿本補。

元帝景元四年六月，有大流星二並如斗，見西方，分流南北，光照地，隆隆有聲。案占："流星爲貴使，星大者使大。"是年，鍾、鄧克蜀，二星蓋二帥之象。二帥相背，又分流南北之應。鍾會既叛，三軍憤怒，隆隆有聲，兵將怒之徵也。

武帝泰始四年七月，星隕如雨，皆西流。占曰："星隕爲百姓叛。西流，吴人歸晋之象也。"二年，吴夏口督孫秀率部曲二千餘人來降。

太康九年八月壬子，星隕如雨。《劉向傳》云："下去其上之象。"後三年，帝崩而惠帝立，天下自此亂矣。

惠帝元康四年九月甲午，枉矢東北行，[1]竟天。六年六月丙午夜，有枉矢自斗魁東南行。[2]案占曰："以亂伐亂。北斗主執殺，出斗魁，居中執殺者，不直之象也。"是後，趙王殺張、裴，廢賈后，以理太子之冤，因自篡盜，以至屠滅，以亂伐亂之應。一曰，氐帥齊萬年反之應也。

［1］枉矢：大流星。其轟鳴聲，爲隕星與大氣磨擦燃燒發出的響聲。

［2］斗魁：斗，宋本作“北”。

太安二年十一月辛巳，有星晝隕中天北下，光變白，有聲如雷。案占：“名曰營首。營首所在，下有大兵，流血。”明年，劉元海、石勒攻略并州，多所殘滅。王浚起燕代，引鮮卑攻掠鄴中，[1]百姓涂地。有聲如雷，怒之象也。

［1］掠鄴中：掠，宋本作“略”。

永興元年七月乙丑，星隕有聲。二年十月，星又隕有聲。占同上。是後，遂亡中夏。

光熙元年五月，枉矢西南流。是時，司馬越西破河間兵，奉迎大駕，尋收繆胤、何綏等，肆無君之心，天下惡之。及死而石勒焚其屍柩，是其應也。

懷帝永嘉元年九月辛亥，[1]有大星如日，[2]自西南流於東北，小者如斗，相隨，天盡赤，聲如雷。占曰：“流星爲貴使，星大者使大。”是年五月，汲桑殺東燕王騰，遂據河北。十一月，始遣和郁爲征北將軍，鎮鄴西。[3]田甄等大破汲桑，斬於樂陵。於是以甄爲汲郡太守，弟蘭鉅鹿太守。小星相隨者，小將別帥之象也。司馬越忿魏郡以東、平原以南皆黨於桑，以賞甄等，於是侵掠桑地。有聲如雷，忿怒之象也。四年十月庚子，大星西北墜，有聲。尋而帝蒙塵於平陽。

［1］九月辛亥：辛亥，原本、宋本、殿本作“辛卯”，據中華本校勘記改。

［2］有大星如日：大星，殿本乙作“星大”。

［3］鎮鄴西：中華本校勘記：“周校：‘西’字衍文。《懷紀》無‘西’字。”

元帝太興三年四月壬辰，枉矢出虛、危，没翼、軫。占曰：“枉矢所觸，天下之所伐。[1]翼、軫，荆州之分野。”太寧二年，王敦殺譙王承及甘卓，而敦又梟夷，枉矢觸翼之應也。

［1］枉矢所觸，天下之所伐：枉矢所墜地之處，爲天下人所討伐之地。

永昌元年七月甲午，有流星大如甕，長百餘丈，青赤色，從西方來，尾分爲百餘歧，或散。時王敦之亂，百姓流亡之應也。

成帝咸康三年六月辛未，[1]流星大如二斗魁，色青赤，光耀地，出奎中，没婁北。案占：“爲饑，五穀不藏。”是月，大旱，饑。六年二月庚午朔，有流星大如斗，光耀地，出天市，西行入太微。占曰：“大人當之。”八年六月，成帝崩。

[1]咸康：殿本作“咸寧”。

穆帝永和八年六月辛巳，日未入，有流星大如三斗魁，從辰巳上，東南行。晷度推之，在箕、斗之間，蓋燕分也。案占：“爲營首。營首之下，流血滂沱。”是時，慕容儁僭稱大燕，攻伐無已。十年四月癸未，流星大如斗，色赤黄，出織女，没造父，有聲如雷。占曰：“燕齊有兵，百姓流亡。”其年十二月，慕容儁遂據臨漳，盡有幽、并、青、冀之地。緣河諸將奔散，河津隔絶。慕容恪攻齊。

升平二年十一月，[1]枉矢自東南流於西北，其長半天。四年十月庚戌，天狗見西南。占曰：“有大兵，流血。”

[1]十一月：十一，原本、宋本、殿本作“十二”，據中華本改。

海西太和四年十月壬申，有大流星西下，有聲如雷。明年，遣使免袁真爲庶人。桓温征壽春，真病死，息瑾代立，求救於苻堅。温破苻堅軍。六年，[1]壽春城陷。

[1]六年：原本、宋本、殿本作“六月”。按本書卷八《海西公紀》載太和六年（232）正月，“桓温克壽陽，斬袁瑾”，壽陽即壽春，東晋時避諱改稱壽陽。故應作“六年”。中華本作“六年”，據改。

孝武太元六年十月乙卯，有奔星東南經翼、軫，聲如雷。占曰："楚地有兵，軍破，百姓流亡。"十二月，苻堅荆州刺史梁成、襄陽太守閻震率衆伐竟陵，桓石虔擊大破之，生擒震，斬首七千，獲生口萬人。聲如雷，將帥怒之象也。十三年閏月戊辰，天狗東北下，[1]有聲。占曰："有大戰，流血。"自是後，慕容垂、翟遼、姚萇、苻登、慕容永並阻兵爭强。十四年正月，彭城妖賊又稱僞號於皇丘，劉牢之破滅之。三月，張道破合鄉、太山，向欽之擊走之。

[1]天狗：《史記·天官書》曰："天狗，狀如大奔星，有聲，其下至地，類狗。"這是指隕石。

安帝隆安五年三月甲寅，流星赤色，衆多西行，經牽牛、虚、危、天津、閣道，貫太微、紫宫。占曰："星庶人類，衆多西行，衆將西流之象。經天子庭，主弱臣强，諸侯兵不制。"其年五月，孫恩侵吴郡，殺内史。六月，至京口。於是内外戒嚴，營陣屯守，劉裕追破之。元興元年七月，大饑，人相食。浙江以東流亡十六七，吴郡、吴興户口减半，又流奔而西者萬計。十月，桓玄遣將擊劉軌，破走之。軌奔青州。

雲氣[1]

惠帝永興元年十二月壬寅夜，有赤氣亘天，砰隱有聲。二年十月丁丑，赤氣見北方，東西竟天。占曰："並爲大兵。砰隱有聲，怒之象也。"是後，四海雲擾，九服交兵。

[1]雲氣：此均爲夜間所見之雲氣，實無雲，而是指夜間之赤氣、白氣，均是指所見北極光。

光熙元年十二月甲申，有白氣若虹，中天北下至地，夜見五日乃滅。占曰："大兵起。"明年，王彌起青徐，汲桑亂河北，毒流天下。

懷帝永嘉三年十一月乙亥[1]，有白氣如帶，出南北方各二，起地至天，貫參伐中。占曰："天下大兵起。"四年三月，司馬越收繆胤等。又，三方雲擾，攻戰不休。五年三月，司馬越死於寧平城，石勒攻破其衆，死者十餘萬人。六月，京都焚滅，帝如虜庭。

[1]十一月乙亥：十一月，原本、宋本作"十二月"，殿本作"十一月"，據殿本、中華本校勘記改。

愍帝建興元年十月己巳夜，有赤氣曜於西北。荆州刺史陶侃討杜弢之黨於石城，戰敗。